寿春民间古玉器考

INVESTIGATION ON THE ANCIENT FOLK JADES FROM SHOU COUNTY

徐嘉炜　著

合肥工業大學出版社
HEFEI UNIVERSITY OF TECHNOLOGY PRESS

图书在版编目（CIP）数据

寿春民间古玉器考/徐嘉炜著.—合肥：合肥工业大学出版社，2018. 9
ISBN 978-7-5650-4088-7

Ⅰ.①寿… Ⅱ.①徐… Ⅲ.①古玉器-研究-寿县 Ⅳ.①K876.84

中国版本图书馆CIP数据核字（2018）第190769号

寿 春 民 间 古 玉 器 考

Shou Chun Min Jian Gu Yu Qi Kao

著　　者：徐嘉炜
责任编辑：权　怡
出　　版：合肥工业大学出版社
地　　址：合肥市屯溪路193号
邮　　编：230009
网　　址：www.hfutpress.com.cn
发　　行：全国新华书店
印　　刷：安徽联众印刷有限公司
开　　本：889mm × 1194mm　1/16
印　　张：17.75
字　　数：270千字
版　　次：2018年11月第1版
印　　次：2018年11月第1次印刷
标准书号：ISBN 978-7-5650-4088-7
定　　价：168.00元
编校中心：0551-62903210

我的收藏梦

徐嘉炜

我是一个地质学者，数十年来致力于我国东部郯庐断裂的研究，已闻名于国内外，有一定的成就。可能由于受祖辈的影响，我很早的时候就对我国古代文化产生了浓厚兴趣，常常迷恋于古董市场，迄今已有四十多年了。退休以后，更加专心于收藏工作。可能由于专业的关系，对美石特别爱好。又从玉石到玉器，长期痴迷，但由于玉器水太深，不敢轻易介入。经过长期的准备，终于在2014年机遇来了，我开始定向收藏寿春古玉。如今已成了气候，竟然已是一个专门从事古玉器的收藏者了，真是“三十年河东，三十年河西”。

我讲自己是“十年准备，四年奋斗”。这是2014年年底，在合肥市城隍庙古玩市场，出现一位来自寿县瓦埠镇的农妇，在地上摆摊，一个蛇皮袋里连土倒出已破碎的谷纹S形龙纹玉佩等。问她玉器的来处，她讲是在旧房基上用推土机推出来的。自此以后，农妇每个周六都来，除了玉佩，还有玉带钩、小璧、玉璜、玉动物等。从寿县及其附近来卖古玉器的人，后来还有不少人。他们不断地带来各种各样古代玉器，后期还有不少较大型的玉容器，有的玉容器甚至高可达60厘米，重可达6公斤以上。我认为这些玉器都非常珍贵，因此几乎是来一个就收一个。进入2017年，这些东西开始逐渐减少进入尾声。

我凭着长期以来收藏的经验，意识到这些都是重要文物，它们跟寿县地区曾经辉煌了八百年的楚国有关。这些玉器应该就是楚国的遗物。而今属流散文物，可能由于各种原因，出土的玉器被分散流落在农民手中，又由一些人去收来卖钱。我感到这些玉器不收集起来损失就太大了，如果期待政府部门组织专门的人来收集，似乎也并不容易，手续也不好办。意识到这些珍贵的寿春古玉器，正在向外流散及流失，我决定自费开始定向收藏，以抢救保护这些国家文物。

我想这是一个开始古玉器收藏的机遇，于是给自己布置了任务。开始时以为出土的这些古玉器不会太多，就“上什么菜，吃什么菜”，只要是寿春地区的古玉器，“统统吃进”。后来时间一长，费用上吃不消，于是品质一般的、重复的就不收了。就这样已花费了不少精力，也几乎花尽了自己的积蓄。

收进这些玉器的开始，就碰到一个如何鉴别真伪的问题。我在实践中不断学习，不断探索，不断辨伪。我从玉质、新老工艺、风化白斑及粉化、老化破裂、非商品特征及艺术性等方面着手，有了一些感觉与认识，逐渐排除了“伪作”的担心。后来只要拿来一看，心里就有数了。

现在来看，这些玉器，品种极为齐全，基本上是新疆和田玉料，青玉为主，白玉约占 1/10。非和田玉的地方玉，较软，只有 1.5% ~ 2%。受沁色普遍深，许多是满沁。以三种沁色系列为主，即赭黑色沁、褐红色沁和黄色土沁。受沁色也常同原玉质有关，青玉常呈现深色沁。这些玉器带有的地区性的风化特征很突出，即普遍有风化白斑（或白化斑），白斑边缘常伴有黑化晕。它们出现在玉器的突出部分及边棱部分。

我的收藏工作是尽量按照考古工作程序来做的，尽管这些玉器不知来源地，没有伴生物等，但我对收集来的玉器都要进行登录及拍照，以及必要的清洗与修复，尽可能地打听古玉器的来源地及保留有关的信息，而且还对有关文献进行了研究。玉器的时代只能用别处出土的标准玉器及相应的青铜器作对比，所以确切性不高。

实际上发现的这些玉器并非简单地都属于战国晚期楚国的产品，从新石器、夏商周，直到汉代均有。根据文献资料记载，寿春作为国都，作楚郢都外，之前的还有下蔡和州来，之后的还有西汉的淮南王诸侯国。早期的玉器有可能是楚国带来的，后来楚国消亡了，其玉器工艺就流传到了西汉。

这些玉器上许多是有文字的，尤其是玉册、玉印、戈、钺、圭、璧等，基本上为篆书，后期还有隶书。其篆刻方法主要为阴刻，可能是由于玉器坚硬，字体笔划常取直、简化，也可能与楚文化有关，多变化。由于本人对古文字研究不深，所以这方面有待专业人员研究。

今将全部收藏的古玉器加以分类，逐一照相，如实特征描述，作为图录，供大家研究与鉴赏，并将本人初步的研究成果列在图录之后，供大家参考。我凭着一颗热爱中华文明遗产的赤心和向往收齐、收完寿春古玉器的决心，坚持，努力着。收藏项目进行的并不顺利，这是一个不断地向困难、向阻力作斗争的过程。开始时，我以为最多年把时间，收到一百多件就差不多了；而实际工作是一周又一周，一月又一个月，一年又一年，是一个长期的、不断的过程。我已到望九之年，要克服年迈体衰，腿疾（几乎不能正常行走）的困难，为了不漏掉一件好东西，不管是雨雪寒天，不管是炎热伏天，在合肥市场上，都有我的身影。身体不好，一次拖着一件十多斤重的玉尊到家，虽然心里快活，但腰几乎要断了，几天都恢复不过来。要不断克服收藏资金上的困难，没有钱是不行的，钱少也是不行的。立项资金从别处一个钱也拿不到，逐渐地几乎花光了一生的积蓄，只能压缩生活开支，从有限的退休金中挤出钱来，急时还得向别人借钱。要顶住一些“好心人”的干扰，还要克服专业知识的不足，不断地刻苦学习。

收藏期间也得许多朋友与同行的关心和帮助，收藏的成果也给我带来不少的欢乐与惊喜。通过四年来的努力，已有明显的成果。收藏寿春古玉器成果丰硕，至今已达 466 件，初步研究已有十二项重大突破，有大批的古玉器属于精品、珍品，许多还是孤品。可以讲，这是一个收藏及考古领域巨大的突进，这一批收藏的古玉器应该是很有价值的。

这一大批珍贵的流散玉器是客观存在的，我是一个执着的收藏者，能碰上它们则是一个机遇，或者按通俗的说法，是有缘分的。把这些分散的，大量的在这个重要地区一定历史范畴内的精美古玉器收集起来，并加以整理研究，对国家对社会都是一个大的贡献。我作为一位耄耋老人，并不期望有多大的辉煌，只盼望与祝愿这些精美玉器将有一个好的归宿，我的收藏梦将有一个好的结局。

2018.8.10 于合肥

目　录

寿春古玉图录

寿春古玉图录

从寿春古城及其周围收集的大量玉器，我们看到的只有其器形及其纹饰，为了便于查找与阅读，我把它进行了分类，共十二类。但任何分类都是不完善的。如一块玉璧它可以是礼天的祭器，也可以是殉葬的殓器，同时也可以是挂在身上的装饰品。

一、玉礼器类

传统的礼天地、祭祖宗、拜鬼神的礼器，如璧、琮、璜等，但后来它们的用途也起了变化。

001（S^{C}_{564}）①双蟠龙相逐大玉璧（西周）

外径 21.6cm、内孔径 3.45cm、厚 0.6cm

圆璧，主纹饰为双蟠龙相逐，双阴线平雕，填以云纹。龙卷鼻，腭下勾，臣字眼，小足。青白玉，坚硬，红橙色沁，有白斑，尤以边缘。

注：①前为本书玉器的序号，后括弧内为玉器的收藏号，每件玉器上也拥有该号。

002（S^{C}_{275}）龙纹厚玉璧，一对（西周）

外径 7.7cm、内径 2.1cm 至 1.5cm、厚 1.15cm

内孔为喇叭孔，两侧不同，特厚，为一般璧的三倍。为盘龙纹，平雕，纹较粗。璧中央较厚，向外变薄。青白玉，褐黄色沁重，有明显白斑及蚀斑，受蚀凹进。

003（S^{C}_{457}）双蟠龙相逐大玉璧（西周）

外径 17.53cm、内径 2.6cm、厚 0.53cm

平雕单一双阴线，双龙蟠身相逐，旋转排列。身上多卷云、方块变形等纹。上腭上卷、下勾、臣字眼，刻工有力，空外填卷云及几何纹，形制及纹饰与西周出土物相似。赭黑色沁，青玉不透明（沁重），有明显白斑。裂为两半修好。

004（S^{C}_{406}）青玉双蟠龙旋纹璧（西周）

圆璧外径12.8cm、内径2.2cm、厚0.5cm

两面阴线双勾琢刻，两盘龙，曲身做旋转状。空处又填以尖形饰。青玉受沁作棕红—赭色，色深，略见有白斑（边缘）。基本完整。

005（S^{C}_{518}）细蒲纹大玉璧（战国）

外径21.37cm、内径3.15cm、边厚0.55cm

圆盘形，内外边缘有低平弦纹带。带间约三个方向琢刻的细蒲纹（每2cm约4.4颗），每颗蒲纹六角形，顶平。制作正规整齐，个别颗粒有损。青白玉（淡青玉），坚硬，具不均一的浅赭色沁。边棱及中间颗粒上有白斑。见有若干原生的绺裂纹，边缘有微损。

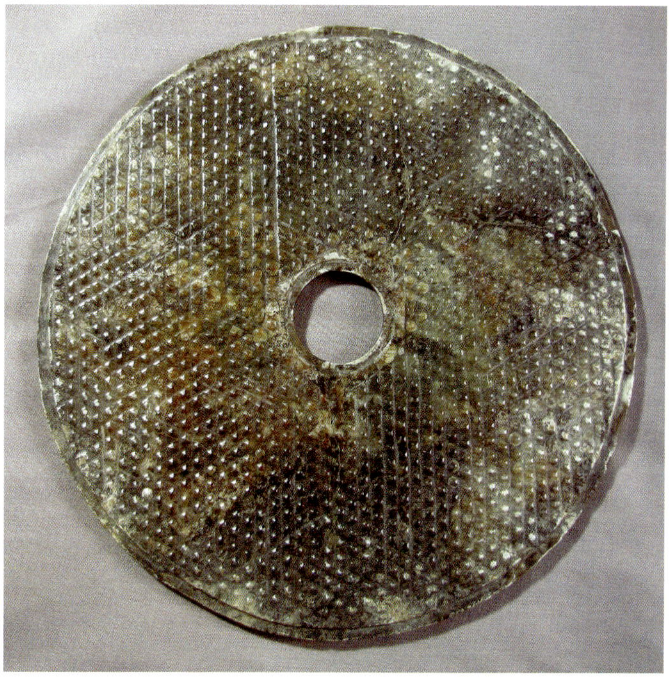

006　　　　　　　　　　007

006（S^{C}_{276}）蒲纹玉璧（战国）

外径 7.25cm、内径 2.25cm、厚 0.55cm

做工精细，表面光亮，内外有边框，蒲纹整齐。浅褐色沁，表面有白斑。

007（S^{C}_{721}）蒲纹玉璧（战国）

外径 5.6cm、内径 1.65cm、厚 0.25cm

体薄，乳丁纹，褐棕色沁，边有白斑，有裂纹。

008　　009　　010

008（S^{C}_{349}）厚圆谷纹玉璧（战国或更早）

外径 4.8cm、内径 1.4cm、厚 1.2cm

内外边缘均高起成墙，谷纹整齐规正，做工精细，光滑。深褐色沁，分布不均，微有黑沁。

009（S^{C}_{720}）白玉谷纹微型玉璧（战国）

外径 2.7cm、内径 0.3cm、厚 0.43cm

谷纹可见尾巴，白玉部分有棕色沁，边有白斑。

010（S^{C}_{278}）残谷纹玉璧（战国）

外径 3cm、内径 0.4cm、厚 3cm

两排谷纹，有边框。边缘残伤，浅灰黄色沁。

011（S^{C}_{238}）受沁青白玉素玉璧（战国）

外径 9.9cm、内径 2.2cm、厚 4.5cm

璧面平整有光亮，边缘有微破，中间有一道破裂纹。原体为青白玉。受褐色不均的土沁，并具白斑，略失光泽。

012（S^{C}_{277}）残卷云纹小玉璧（战国）

外径 3.5cm、内径 1cm

双面卷云纹，两排排列，浅灰色沁有白斑，边缘多残。

013（S^{C}_{722}）云纹小玉璧（战国）

外径 4.9cm、内径 1.1cm、厚 0.32cm

小圆璧，体薄。表面多浮雕卷云纹、S形云纹等。受灰色沁，有白斑。

014（S^{C}_{372}）人面兽身纹浮雕单面璧（战国）

外径 6.3cm、内径 1.1cm、边厚 0.55cm

棕灰色沁为主，有白斑。浮雕饰纹清晰。人面有双角蛇形兽身，有四肢。身上有阴刻细花纹。还有云纹，单面。

015（S^{C}_{328}）螭虎、双鼠高浮雕兽面玉璧（战国）

外径 6.5cm、内径 3.3cm

一面素面，一面高浮雕。一半以一螭虎扒地，另一半为一对鼠，其中一鼠为尖嘴（象鼩）。另有少许云纹。青白玉，坚硬。红棕黄色沁为主，略有白斑。纹饰精细，水平较高。

016（S^{C}_{326}）“开光”单面龙纹浮雕玉璧（战国）

外径 8.6cm、内径 1.9cm、厚 0.6cm

圆形内外均有边框，一面素面，一面浮雕龙首、人面、怪兽等，还有弯曲的花纹。脐内体减薄，镂雕“一枝花”或文字（？）。青白玉（？）多红褐色沁及一侧多灰皮（风化）。

017（S^{C}_{482}）橘红沁高领穿云双螭纹浮雕玉璧（战国）

外径 8.4cm、内径 2.4cm、通宽 9.2cm、领高 2cm

双面高浮雕双螭穿云，分叉卷尾，有四足及附鳍等。中段埋“云”中。螭身外伸，形象生动，精工细作。璧底作平，中央有高领。原玉质不清，可能是青白玉，坚硬的和田玉。全器桔红沁，突起部有白-黑斑，整体极美观，代表战国楚玉最高水平，是一件艺术珍品。

018（S^{C}_{404}）残半两区纹饰璧（战国）

外径 19.5cm、内径 3.7cm、厚 0.4cm

圆璧，残留一半。分内外区纹饰，内圈为粗蒲纹，六方形粒子，排列整齐。外圈以阴线琢刻“双身兽纹”，见兽面纹及两侧几何纹粗线纹。

019（S^{C}_{577}）龙纹—蒲纹两区大玉璧（战国—西汉）

外径 18.8cm、内孔径 4.2cm、厚 0.8cm

圆璧，外区四组双尾龙纹及伴生小蛇纹，阴刻。内区为蒲纹，为三方向切磨而成。臣字眼，额头上有三角形网格纹。青玉，坚硬有裂纹。多褐色——褐赭色沁，边缘有白斑。为战国至西汉的代表性玉璧。

020（S^{C}_{749}）龙纹—蒲纹两区大玉璧（战国－西汉）

外径 18.95cm、内径 4.9cm、厚 0.75cm

同S^{C}_{577}为一对，特性相似，受沁色略深。

021（S^{C}_{618}）四牛首纹浮雕玉璧（战国）

外径13.9cm、内孔径3.15cm、厚0.9cm

圆璧，特点为内外缘高起1mm至1.5mm，璧内饰四个牛首浮雕像。弯曲牛角，小翘的双耳，扁头曲眼，杏形目，大鼻，长扁嘴，需尤其注意的是牛首额头上有网格纹（阴线）。牛首纹外作一椭圆形平台，椭圆之间又饰以细网格交错纹。玉质不明，坚硬。灰绿色沁为主，有白化斑，局部风化粗糙。略有破裂，修好，是一件罕见的玉璧。

022（S^{C}_{747}）绞丝纹玉璧（战国）

外径14.3cm、内径3.8cm、厚0.5cm

圆形璧，边略减薄，圆缘。绞丝纹从外边缘连接两面纹，内边缘无。基本规正，但有微残。红褐色沁，满沁。有大片白斑及有关灰黑斑。风化特征表明为出土物。

023（S^{C}_{688}）青玉绞丝纹三联瑗式玉璧（战国）

外径 17.6cm、内孔径 3.5cm、厚 0.35cm

有三个绞丝纹的瑗，用三外边接成璧。绞丝纹清晰，见有几处有放射的断纹。赭黑色沁及白斑，与S^{C}_{677}为一对，本件略大。

024（S^{C}_{677}）绞丝纹三联瑗式玉璧（战国）

外径 16.4cm、内径 3.5cm、厚 0.4cm

三个大小不同的瑗，外宽 1.5cm 至 2cm，用三个短片相连。整个璧两面均为绞丝纹，制作规范，各环略上凸。青玉（？），坚硬，深褐色沁，有白斑，有几处断裂修好。绞丝纹在良渚文化已出现，是战国楚国特有纹饰，尤以三瑗联极为少见。

025（S^{C}_{753}）青玉蚀斑旋纹大玉璧

（东周？）

外径 21.2cm、内径 4.9cm、厚 0.7cm

圆璧，两面均显突出的旋纹 12 条，为自内孔向外弯曲的放射纹，顺时针旋转。旋纹以波状为脊，脊间还隐约可见小纹及琢玉留下的细痕。两面旋转相近，制作规正。外形又似涡轮。杂玉较软，可见原玉纹理，又见大片小斑点组成的蚀斑。示已入过土。此璧为一件稀少的代表旋转的璧，有重要意义。

026（S^{C}_{765}）青玉蚀斑旋纹大玉璧

（东周？）

外径 26.7cm、内孔径 4.1cm、厚 0.45cm

大型圆璧，内孔偏小。有 16 条旋形的突棱，璧作逆时针转动。棱间琢平，还留有琢磨痕。琢雕规正，两面相同。表面有大片分布的风化蚀斑，灰白色内凹，作斑点状或连成作不规则状。也见在外边及内孔边上。可见蚀孔在磨琢痕之后产生，迭其上。表面较光亮。暗褐色玉，微泛青，硬度略低，应属蛇纹石玉。原玉结构不清。代表旋转状的大璧，示转动的苍天。应是礼天的苍璧。特大，极为罕见。（未收入还有一件旋纹璧，径 25.5cm，旋纹 14 条，应属一系列）

027（S^{C}_{775}）大型苍璧（周代？）

外径 31.05cm 至 31.15cm、内径 8.5cm 至 8.55cm、厚 1.5cm 至 0.5cm

圆璧小内孔。中厚向边缘及内孔边变薄。加工平整规正。表面多灰白色蚀斑，并有连成片，似作玉灰皮状。在边部可见暗红、褐色原玉，为暗青色蛇纹石玉，略软。符合所有《苍玉》条件，即青玉、无文，浑朴等。应属三代“礼天大苍璧”，至今文献中未见过。应属珍品。

028（S^{C}_{532}）双龙三螭出廓玉璧（战国）

通宽 30cm、外径 15cm、内径 3.5cm、厚 1cm

圆璧内外边缘各有绞丝纹宽带，中间为高浮雕三螭龙，回首，龙首尾相接。龙细身上有人字鳞纹，张嘴无角。身上关节处有云纹，扭丝纹收尾。璧减地平整，两侧有一对向外伸出的半龙身首，张口有角，身上有勾连花纹，不见后身。镂雕加浮雕。全身赭色沁，有黄白色斑。此璧形大，工艺精湛，纹饰特殊。璧上三螭龙纹与中山国战国三龙环形玉佩极为相似，两者必有关联。应属战国玉璧珍品。

029（S^{C}_{325}）龙凤纹出廓谷纹璧（战国）

通长 12.3cm、璧径 6.9cm、内径 2.7cm

璧细谷纹，无框，排列整齐。璧两侧出廓，分别为镂雕的龙与凤。多深褐色沁，部分白化为残褐色。

030（S^{C}_{535}）兽面纹浮雕出廓大玉璧（战国）

通长（连出廓）19.5cm、璧外径 16.7cm、内径 3.6cm、厚 0.7cm

圆璧内外边以素宽带分开，上下方均为大型兽面纹，中间为密集的卷云纹。减地突起阳纹，浮雕整齐细致，浮雕上还有细纹。左右两侧下方出廓有向外的兽面纹镂雕及伴生的云纹。白玉质，坚硬，以赭色－暗红色沁为主，有明显的风化白斑。完整、微伤。是一件精品玉璧。

031（S^{C}_{477}）四灵出廓双区玉璧（战国—西汉）

璧外径 14.4cm、连廓高 19.95cm、内孔径 2.15cm、厚 0.8cm

璧分内外区，各以宽边分开。内区以粗出芽谷纹，2cm 中三个。外区为精美的四灵（神）为主体。青龙、白虎、朱雀、玄武。四灵与汉代常见的比较，有一些不同特点。青龙下身似有四羽翼，不清；玄武无蛇缠身，仅见一小蛇在其右上方；朱雀似凤鸟，虎身上有几道纹。各灵间空处又填以别的纹饰。四灵身上均有细阴纹刻划。出廓以龙凤主体，加以卷动纹饰。中央空白区用双阴线刻篆字，应属“于”字，意为“走”或“去”。青玉，坚硬，受紫红色沁，较重，有多处风化白斑，并伴黑沁。略有微伤修。属精美玉璧。

032（S^{C}_{731}）镂雕凤龙共体出廓谷纹夹绞丝纹大玉璧（战国－西汉）

通高 28.8cm、璧外径 19.25cm、内孔径 3.3cm、厚 0.65cm

出廓圆璧，分三区内外出芽谷纹，中间绞丝纹。各区间以弦纹分开。上出廓高 9.3cm，中心为一朝下的正面尖嘴螭龙头，上头有双弯角，角上有分段纹饰。有共同龙凤身，上饰勾连云纹，对称排列。下方为一对面向内的凤首及上身，有前肢及头上的冠带。上方又为一对凤首及上身，对面中间一圆小璧、示火纹珠。凤鸟背上有三羽叶，其上有斜列细纹。除外还有长条形饰物，上饰精细的叶脉纹。整体工艺精湛，艺术性布局，优美和谐。镂雕加浮雕及游丝毛雕，是一流的治玉工艺。白玉质微黄，多褐色沁，边缘有白化斑及黑沁，基本保存完好。璧原多裂修好。是一件玉璧精品。

033（S_{601}^{C}）双龙镂雕出廓双区玉璧（战国—西汉）

通高 18.35cm、璧外径 11.9cm、内孔径 1.5cm、厚 0.6cm

璧上方出廓，由一对龙相向，顶较平，廓高 6.6cm，镂雕加浮雕，上又有细阴线纹。工艺极其细致精美，少有。璧分内外区，内区为谷纹，三方向排列整齐，做工精湛，还有精细的游丝毛雕。外区围绕四个瑞兽，龙、螭虎、牛等，浮雕极为精致。青白玉（？），坚硬，棕褐色沁，斑状分布。上下边缘有白化斑，光亮。保存完整，仅出廓一侧有微伤，属一件极少见的珍品。

034（S^{C}_{766}）蟠龙玦形高领玉璧（晚商）

外径 9.25cm、内孔径 4.1cm、厚 0.35cm、领高 1.3cm

单面圆璧形。蟠转身龙首见臣字眼，镂雕张嘴，见上下牙、方鼻。龙身蟠曲，外侧有扉棱脊背。身上有两组阴线弦纹，方尾卷曲。高领直略向外弯曲。棕褐色沁深，坚硬，边缘有风化白斑。

035（S^{C}_{581}）浮雕蟠龙形玦形玉璧（战国）

外径 19cm、内径 4.75cm、厚 0.85cm

龙身蟠成外圈玦，边有突牙，又蟠成内圈璧。内外圈间又加一段相连。首尾清晰，头上有水滴（杏）眼，有耳双角，咧嘴有须。尾中有脊分多节状，弯曲。龙身上密集地雕琢小龙纹及云纹，精细。连接段上则示兽面纹。应属战国后期玉璧的佳品，是一件难得的精品。

036（S^{C}_{789}）勾连云纹上出廓凤纹玉璧（西汉）

通高 9.9cm、璧外径 6.2cm、孔径 0.7cm、璧厚 0.75cm

小型厚圆璧，具小孔。璧两面阴刻细线勾连云纹，做放射状排列。上方出廓镂雕一凤鸟及周围的卷曲云纹。凤鸟勾喙，曲冠，前后有双足，曲尾及翅。雕工精细。青白玉坚硬，受赭色沁重，边棱有风化白斑。白斑边缘加重赭色化。保存良好。

037a（正面）

037b（反面）

037ab（S^{C}_{543}）天宫神人飞人“五同”铭玉钺璧（春秋战国）

通宽 30.05cm、璧外径 15.7cm、内径 5.4cm、厚 1.2cm 至 2.3cm

本器是钺与璧的结合。玉璧单面工，有极为精致复杂的浮雕图案。上方为一正面的飞人（天宫神人）（羽人）着右衽袍，圆目，头戴方冠，双手臂与脚均已变为翅状。腰上还有一物，似连背上有羽翼。身下有一不明物，璧下方为坐地熊，其身后还有一物。右上方为腾飞的龙，四肢正飞翔，有扭丝状弯曲的尾。左上方为一凤鸟，勾喙，三叶羽翼，尾上翘。左下方为一咧嘴的虎，无角，扭丝纹的卷曲尾，四肢及爪强有力。右下方又为一龙，示上半身，嘴吐条状物，前面似有蛇形物。有可能与四灵有一定关系，为早期产物。璧后贴一弯曲的玉钺，方柄头，有系孔，柄下有一宽饰带，凤形刃。两面刃但不锋利，上方有阳文“五同”（篆字），下方阳刻粗线兽面纹。中间有几何形纹。淡青玉，坚硬，有不同程度的赭色及褐红色沁，外有白化斑。应属礼器，做礼仪用。037a、037b 分别是其正面和背面。

038ab（S^{C}_{751}、S^{C}_{761}）神人兽面纹圭璧形玉佩，一对 （西周）

薄板形，长 22.7cm、宽 7cm 至 9.4cm、璧径 9.4cm、内孔径 3.4cm

尖头圭与圆璧的结合。中间一个圆璧，双龙旋转，双阴线。圭尖头在下，平头在上。平头上示兽面纹及一对蛇头纹。两侧为一对镂雕的神人，侧面跪坐，下身连在璧上。下尖头上为兽面纹，其额头上为对称的凤鸟纹。雕工精细美观。白玉，大半露出，有褐色沁斑，边缘有风化白斑及黑色晕。为一对少有的珍品佩（两面纹饰相同）。

039a

039b 上粉照

039ab（S^{C}_{769}）白玉兽面纹圭璧（西周）

高 24cm、璧径 11cm、小孔径 2.8cm、厚 0.5cm

头朝上尖头圭，以阴双线平雕上下兽纹及伴生的云纹。中间圆璧。圆为阴线平雕，其上下兽面纹却朝向相反。做工精湛规正。青白玉，坚硬，大半出露。另有褐色沁斑。多沿旧裂发育，两头边略有白斑。圭及璧均有边框，尖头圭锋上均减薄作两面刃状。本器完整，表面有玻璃光，做工精细，是一件精品（两面纹饰相同）。

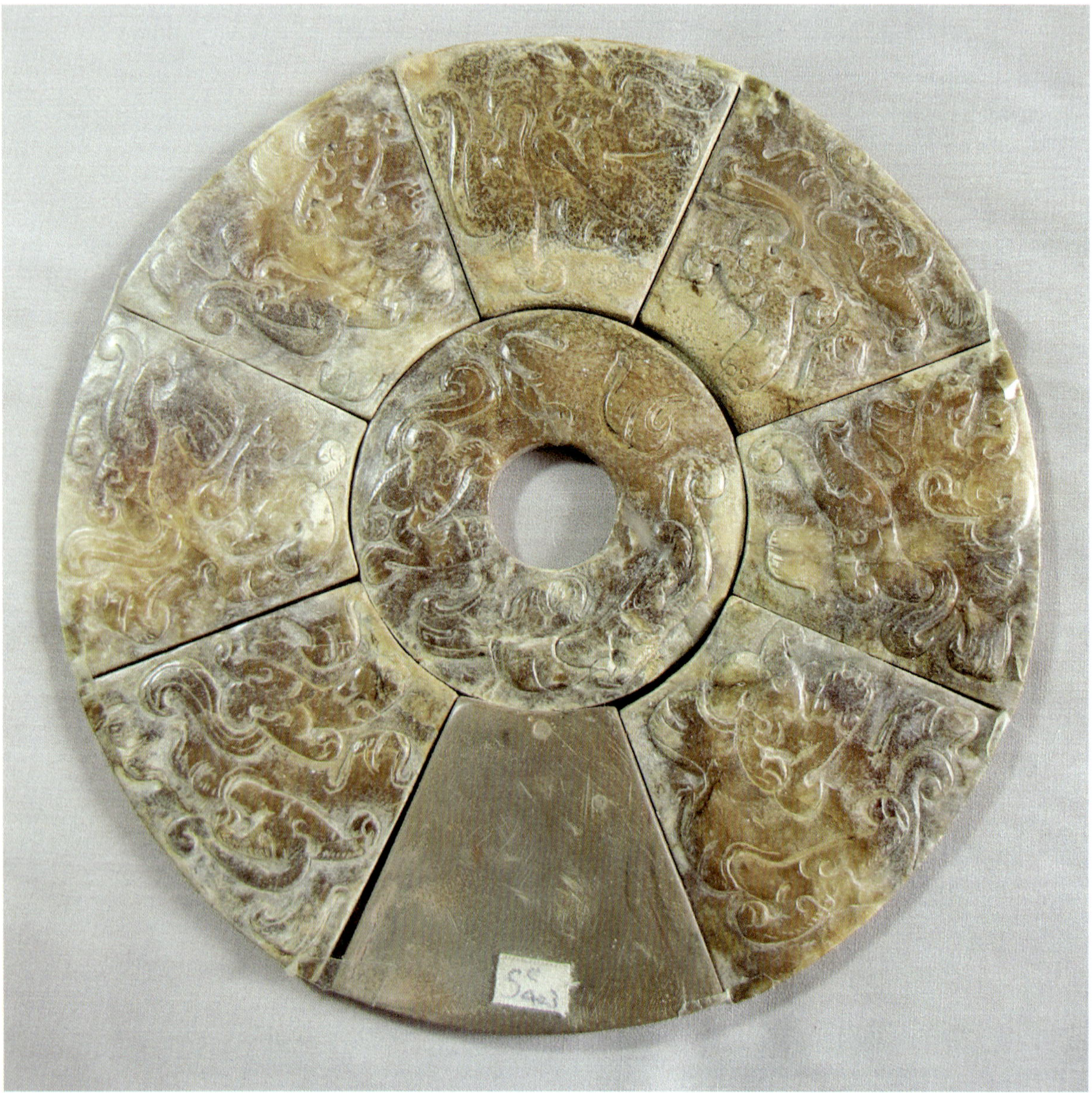

040（S^{C}_{423}）穿云螭纹八璜联合玉璧（战国）

联合大璧径 18.3cm、内小璧径 7.3cm、内径 2.15cm

由一个小内璧、外拼合八个璜而成，现物缺失一璜（后补做一个）。中心璧及各片璜均以单面浮雕流云蟠螭，形式各不同，似飞天状。坚硬白玉，有粉红黄色沁，还有局部灰黑色沁及白斑。表面凹处有粉状。此器战国文献中未见。

041（S^{C}_{674}）**蟠虺纹玉瑗**（春秋）

外径 12.3cm、内径 5.9cm、内宽 3.1cm、厚 0.6cm

瑗边缘略上凸，内斜。表面极为精致，减地凸阳浮雕。可作四区对称。每区大致以大 S 型绞丝纹为主体，还有卷云纹，勾云纹，有一对似眼的勾云纹等。青玉、多赭褐色沁及白斑。有玻璃光泽。为玉瑗珍品。

042（S^{C}_{740}）**蟠龙纹突棱玉瑗**（西周？）

外径 13.3cm、内径 8.8cm、厚 0.7cm

有突棱的蟠龙形，沿玉瑗龙头尾相接，中间有多处龙鳍等饰物突出瑗外边缘。瑗表面用双阴线深琢龙纹首及身上的回纹与云纹。白玉质，坚硬，有褐色沁斑。局部开窗，表面有玻璃光。做工精湛。

043（S^{C}_{742}）**白玉六牙璇玑（牙璧）**（晚商）

外径 9.2cm、内孔径 2.6cm、厚 0.52cm

片形圆环状，中部有圆孔，属单面喇叭孔。外缘渐薄，有三个向同一方向旋转的凸脊，每个脊间各有六个小齿牙，似向一个方向斜，变小。白玉，其上有棕红色斑纹，其分布与原玉料结构有关。玻璃光泽，没有风化白斑，只在边缘有一点黑色物，难擦去。

044（S^{C}_{778}）白玉红沁三联大牙璧

（西周？）

外径 20cm、内孔径 11.5cm、厚 0.4cm 至 0.6cm

由一圆分三弦截组成。每一个弦件，一头为一斜突头，另一头外侧有四个突脊牙。弦件中部厚，边略减薄。各弦件两头均有单面孔，可用线连系。白玉坚硬，有网纹状棕红色沁，美观。突棱部分有风化白斑及伴生的黑沁斑。制作规正，未见相关文献有记载。

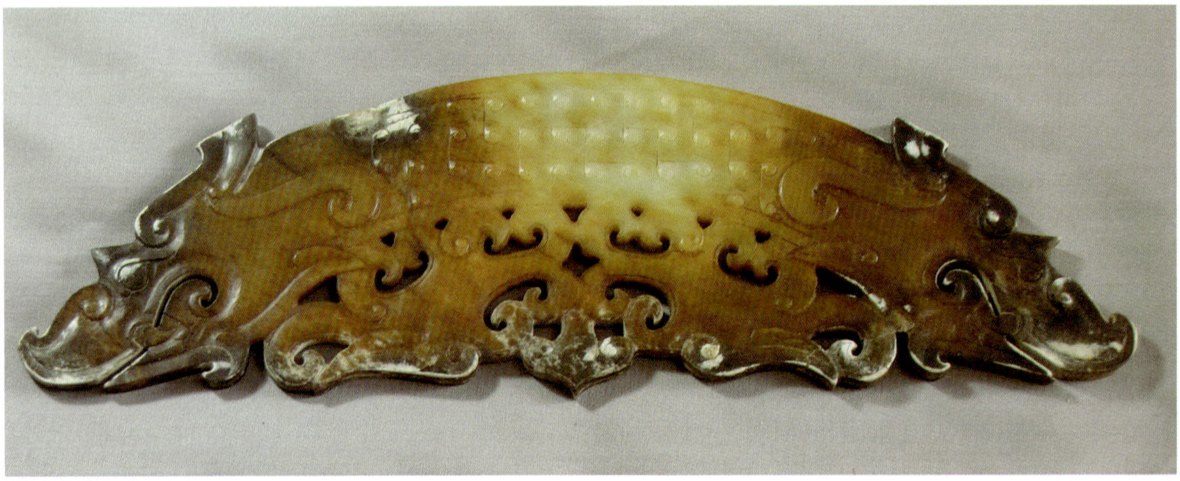

045（S^{C}_{673}）白玉谷纹双龙首出廓镂雕玉璜（战国）

长 24.1cm、宽 7cm、厚 0.5cm

双龙首，有角、冠、卷鼻、闭口、臣字眼，眼上有上突。三排勾连谷纹。出廓为对称勾云纹，实为一对对称的凤鸟，镂雕。青白玉质，多棕色沁，部分加深作赭色，并出现风化白斑。是战国晚期典型器，属一件难得少有的珍品。

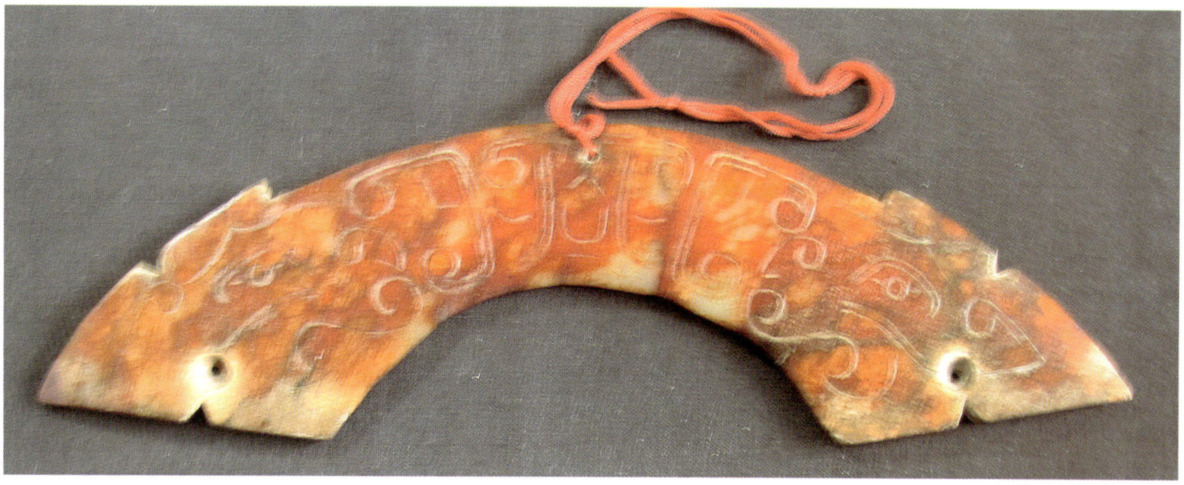

046（S^{C}_{741}）白玉红沁双龙首三孔玉璜（西周）

外径 21.5cm、内径 7cm、厚 0.55cm

片状璜，中部厚边减薄。两端头部略作突棱。同身双首，用双线琢阴线纹平雕示头及身上云纹。首部有臣字眼、上卷鼻及下勾腭。弓形上中有小孔，单面开可系绳，两端吻部有双面喇叭孔，纹饰较稀疏。

白玉，坚硬，有开窗，有大片紫红色沁斑。边棱及孔边多风化白斑。保存良好，有蜡状光泽，形象美观。是一件品相好的精品。

047（S^{C}_{536}）白玉双龙首双凤谷纹出廓玉璜（战国）

长 16cm、高 5.8cm、厚 0.45cm

璜弧两端龙首，有角耳，翘鼻，下腭露牙。璜身上十字细密排列的勾连谷纹。璜上中间一细系孔，弧裆部为镂雕双凤及一系列云纹，上有一狭弧形物。白玉质，坚硬，普遍受棕色沁，边缘有白斑。总观精工细作，艺术性强，为玉璜当中的珍品。

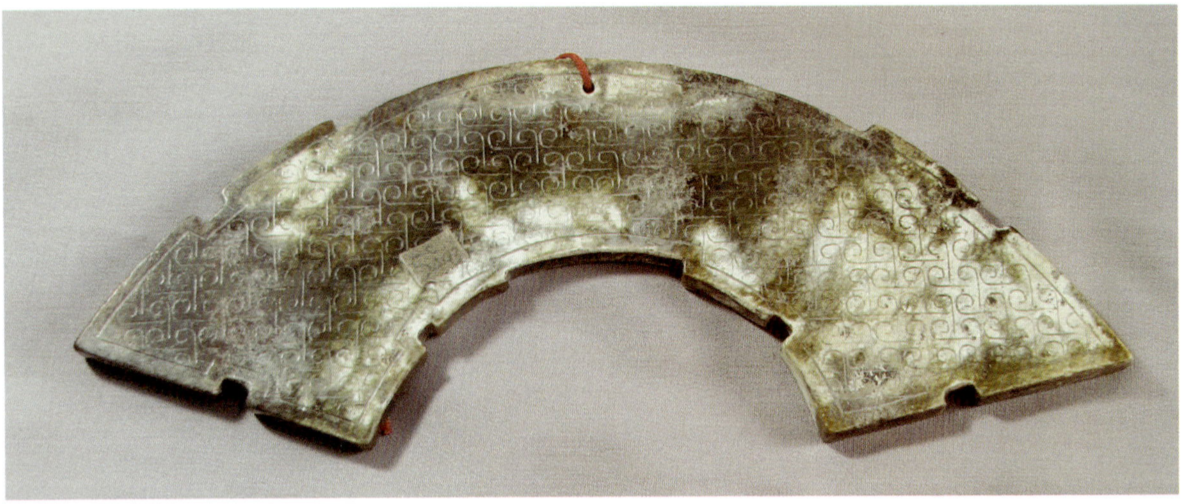

048（S^{C}_{493}）变形双龙首勾连云纹玉璜（春秋战国）

长 17.8cm、高 5.8cm、璜宽 4.2cm、厚 0.55cm

薄板弧形，不见浮雕龙首。见两端有扉牙状突出。板上除边阴线外，通体为勾连阴线云纹，精细琢刻。有浅赭色沁、白斑及局部灰皮。玉质不清（白玉？），透光差、坚硬。

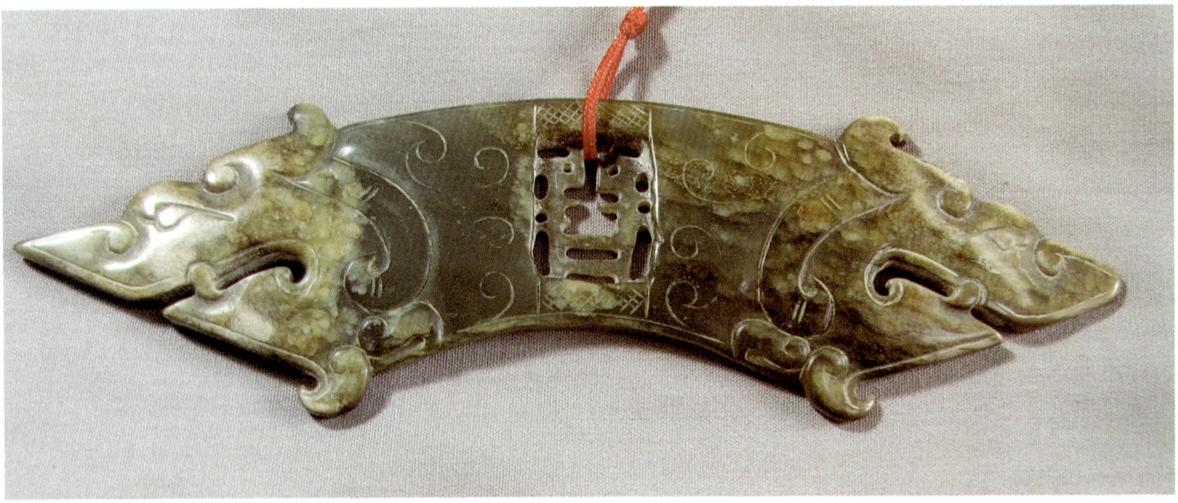

049（S^{C}_{311}）双龙首“开窗”玉璜（战国）

长 13cm、宽 3.6cm、厚 3cm

单面低浮雕璜，龙头极精美，身上外加阴线云纹。璜中有一方形“开窗”，窗中镂刻一汉字（？）。上下为交错纹。青碧玉，有玻璃光，坚硬划不动，黄白沁，似水沁。

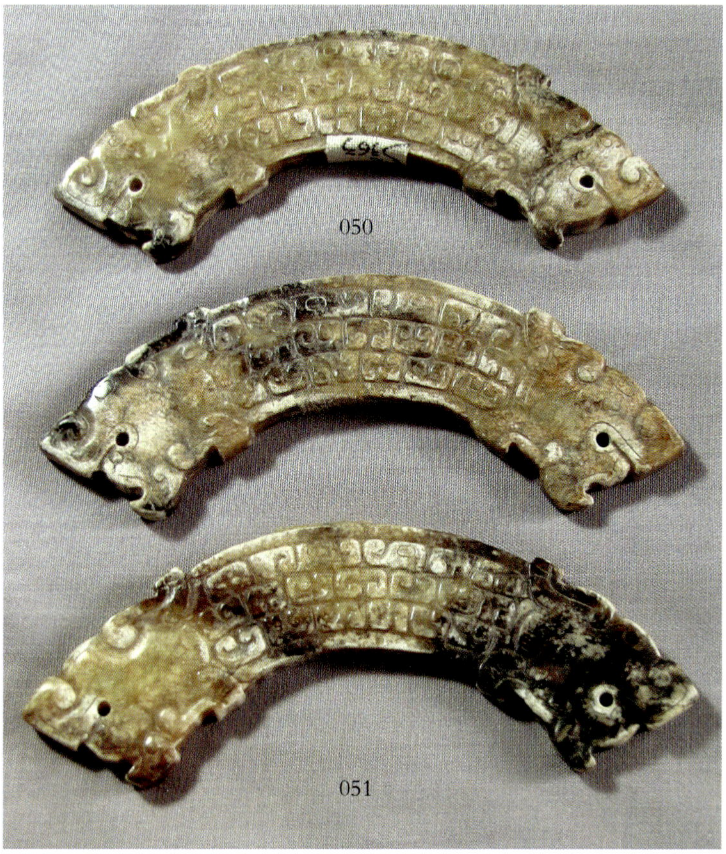

050（S^{C}_{363}）双龙首卷云纹玉璜，一对（战国）

长9.2cm、宽2.1cm、厚0.4cm

曲身璜，两头为龙首，方形（与虎难分）。身上为卷云纹。浅棕黄色沁，有白斑及黑色沁，造型佳，有玻璃光。

051（S^{C}_{259}）双龙首玉璜（战国）

长9.1cm、宽2cm

双头方形龙首（也可能为虎头），嘴中有一穿小孔。身上为卷云纹，也有S纹，阳刻。做工极为精细平整。受黄棕色沁及黑色沁，局部有白斑，属精品。

052（S^{C}_{363}）素面小玉璜，四个（战国）

弦长6.8cm至8cm

弧度略有不同，素面光洁。两个浅褐沁，两个灰沁。璜上中均有小系孔，应属组合佩的配件。

053（S^{C}_{307}）素面玉琮（战国？）

高 7.4cm、圆筒径 4.2cm

外方内圆，外表加工平滑并抛光，有玻璃光。内圆规正，可见残留旋转细纹。青白玉，坚硬，深黄褐色沁，边棱有风化白斑。有原生裂纹一条，表面凹进。

054（S^{C}_{725}）大型素面玉琮（西周）

高 25cm、边长上端 8.8cm、下端 8.3cm、射径 11cm、圆径 7.7cm

外方内圆的方柱体，边缘略圆化，两端略突出内圆形体，上端略大。内圆在端头以斜坡过渡到方体。外表光洁，内壁可见旋转纹痕。褐红色沁，还可见近水平的原岩纹理及颗粒。在两端及边棱见风化白斑及黑色晕。造型极为庄重规正。是一件罕见的大型素面玉琮，已知西周素玉琮最大仅高 20cm 左右。

055（S^{C}_{377}）素面玉琮（战国？）

高 6.3cm、圆径 5.1cm

外方内圆，上下两端作圆形口，溜肩。造型端正，表面光亮。但有几处绺裂及破裂修好。表面可见多处裂纹及粗粒状构造。赭色沁，不均分布，上口有白化现象。

056（S^{C}_{447}）灰棕色残玉琮（战国）

宽 7.4cm、躯径 7.6cm、内径 3.8cm、高 5.2cm

外方内圆，原制作规正，内圆较厚达 1.9cm。原玉石多平行纹理，质略粗，坚硬为新疆玉。受褐色沁，较浅，局部也见白斑。原破为两半及多处残缺，已修好。

057（S^{C}_{415}）素面玉琮（战国）

射径 11.6cm、宽 8.7cm、内圆径 7.9cm、高 5.6cm

内圆外方，内径较大，示体较薄。内圆厚 0.4cm。表面光亮但还留有起伏不平。玉质坚硬，可能为青玉，有深赭色沁，并分布很多白斑，呈现黑白花斑状。总体工艺精细，但细部手工较粗糙。

058（S^{C}_{439}）素面中高玉琮（战国）

宽 5.5cm、射径 5.8cm、高 4.8cm

外方内圆，素面，制作规正。残破两处，已修好。青玉，有不均棕色沁及白斑。

059（S^{C}_{392}）素面低玉琮（战国）

边宽5cm、内径3.7cm、高2.07cm

外方内圆，上下口沿有圆颈。受灰棕色沁，分布不均。又有白斑。略有残破，已修好。多绺裂。

060（S^{C}_{393}）卷云纹圆形玉琮（战国）

外圆6.3cm、内圆径3.8cm、中部厚2.65cm、高2.8cm

低异形琮。内圆外部变为四分连续的圆弧，弧中雕琢卷云纹。上部有圆颈，玉质坚硬有赭色沁，并略有白斑。多绺裂。

061（S^{C}_{528}）兽面纹圆形玉琮（战国）

外径6.1cm、内径3.8cm、高2.8cm

圆形特种琮，外带略低，分四部分，每部分阴线琢刻兽面纹。整齐庄重。残破两半，已修好。赭色沁，青玉坚硬，有白斑。

062（S^C_{586}、S^C_{587}）人首有铭三孔平首玉圭，一对（战国）

长 32.7cm、宽 5.5cm 至 7.5cm、厚 0.2cm 至 0.3cm

长扁板形，一端为浮雕人物，另一端缓弧形刃口（不锐），后狭前宽。扁体人物，圆脸，目圆圈形或水平水滴形，三角鼻，耳外伸，横嘴。坐姿有腰带，手简化，头上有平宽帽形或向两侧分开并翘起的头发饰（示男女），一者额头上有皱纹。其一正面阳文三字，上下有数道横线，另面为几何图纹（示龙纹？）。其二一面阳文四字上有数道横线，另面为一对鹤鸟纹。立身抽象简化，有圆目，曲喙等。琢工精湛细致，有大三孔（自一端向前增大），还有一端有小系孔，均为两面喇叭孔而成。白玉－青白玉，坚硬，部分透光，普遍受褐沁，部分边缘有白化斑，呈橙红白色。此类玉圭文献中未见，用途待考，有可能为殉葬礼器（文字待考）。

062a 正面

062b 背面（有铭文）

063a 正面　　063b 背面　　063c 正面柘本

063abc（S^{C}_{599}）红沁浮雕兽纹铭文双孔弧首玉圭（战国）

长 26.6cm、宽 5.3cm 至 7.3cm、厚 0.6cm

长舌形，中厚边变薄，后窄前宽作缓弧形。后部有双单面孔。圭正面有紧密排列的螭龙、虎等瑞兽浮雕。背面纵向两列阴刻篆字共 10 字，字体秀美。白玉，坚硬，浅红色及棕黄色沁为主，有白斑及黑边。基本完好（文字待考）。

064（S_{610}^{C}）大型斜内弧形有脊式玉璋（夏商代？）

长 48.8cm、宽 9.1cm 至 11cm、厚 0.5cm

薄板状，援部宽长板形，向前增宽。前为斜形内弧首双面刃，两侧也均减薄似刃，均不锋利。内长方形，端正角圆化，内近栏处有一圆孔单面钻，径 1.3cm。栏区宽约 5cm，有复杂的扉棱。栏上有平行阴刻线共六组，每组两条。前方一方形突出扉棱，后为一兽形，中间四根略短。杂质玉，坚硬，原石上有网纹等复杂构造，普遍有灰褐色沁。扉棱及边缘有白化斑，为成器后风化。原器已有多处破裂，修好，但总体不缺，品相完好。此类大玉璋在夏代二里头文化中已有发现，文献研究示此件璋与商代三星堆文化出土玉璋极相似，另一璋也在龙山及齐家文化出土。商以后不见类似物，具有中原地区玉璋特征。

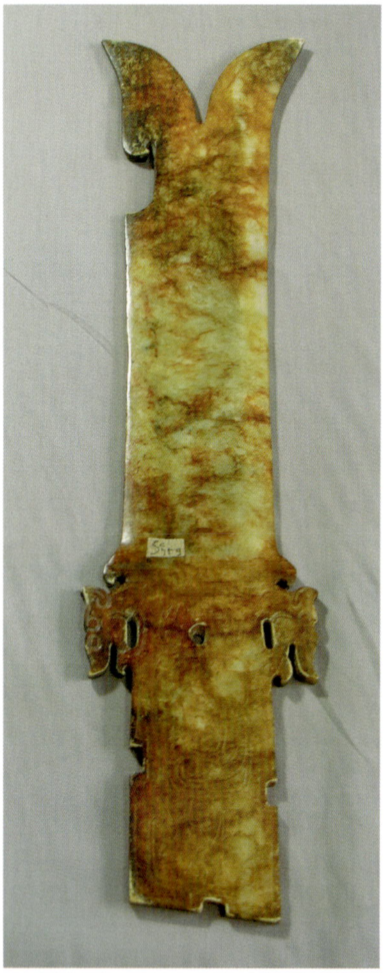

065b 柄部上粉照，有鸟纹

065（S^{C}_{759}）白玉鸟纹柄叉口牙璋

（西周）

长 35.1cm、宽 8.2cm、厚 0.53cm

平板状，前端不对称深叉及两侧均有双面刃口，但不锋利。一侧叉口下有一凹口，示鸟纹。槛内有三凹弦纹。柄上两侧为瑞兽头，中间一系孔（单面孔）。柄双面平雕双阴线凤鸟纹，有冠、曲喙，叶翼卷起，粗壮一腿立地，边有云纹。柄边有三个方形缺。白玉坚硬，沿裂多红褐色沁斑。少量白斑及黑色沁。是一件玉牙璋珍品。

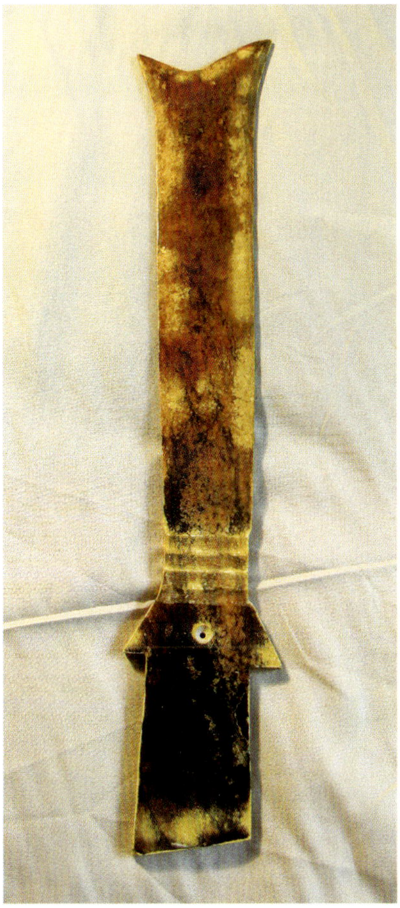

067b（细部）

067a

066（S^{C}_{514}）褐红沁弦纹叉口玉牙璋（战国）

长 34cm、宽 4cm 至 6cm、厚 0.4cm 至 0.6cm

柄（内）斜方口，上有尖角牙一对，璋尾有四道宽凹沟成弦纹饰。璋前宽向后变窄，不对称叉形口，向前变薄。做工整齐光洁具玻璃光。赭褐红色满沁，边缘出现白化斑，整体完整无损伤。沁色斑斓，异常美观。

067ab（S^{C}_{539}）方柱型兽面纹柄型器（春秋？）

长 27.5cm、宽 1.7cm　067b 为细部

方柱形柄状，略扁，两头尖。一端呈长 5.3cm 的方锥，锥头略平；另一端为一短榫头，圆锥状，有一小穿孔。全器除两头外分五节。各节间及两端均以两凸棱线（即三凹纹）分开。相间三节为以对角边棱为中脊，有两兽面纹。可见臣字眼，卷云纹鼻及弯曲“牛角”。其另三节为四叶花瓣纹。总观雕琢工极为精湛高雅。从形式上与良渚文化的锥形器有传承关系，但以兽面纹代替了神徽。花瓣纹也是新创的。类似柄形器出现在二里头（夏代）及商代，本器与春秋时出现的一件极相似，器形制特大（一般仅十多厘米）。玉质不明，坚硬，咖啡色沁及白化斑，沁色美观。制作精良，有重要的研究价值。

068（S^{C}_{788}、S^{C}_{789}）长条形玉锥形器，二件

（良渚文化）

长 22cm 至 23.3cm、宽 1cm 至 1.4cm

略扁的方柱形体，两头变尖。一头为钝尖圆形，另一头外伸一榫，其上有一对穿小孔。全件近孔一侧有四段纹饰，以横纹分开。以边棱为中线，各设大眼眶的神面纹及小眼珠的兽面纹。棕灰色杂玉。保存基本完好，一件头有略微残破。是本地区难得的良渚玉器。

大型祭天礼器，即玉器中的礼天大器。

在出土玉器中极为罕见，其器身高大，结构复杂，多为组合件，工艺高超。为当时祭台上的主器。其他礼器均在其下。

069（S^{C}_{756}）大型双虎首座龙凤纹转体祭天玉礼器（东周？）

通高 59.5cm、宽 33cm、座长 23cm、宽 9cm、球径 9.5cm，重 6kg

由座及牌体两部分黏合而成。下为一长方形同身对虎首座，圆雕工精湛。玉牌底为一倒梯形柄，立于虎座上，柄两侧边为三个卷云纹扉牙，正背面均为浮雕兽面纹，面目狰狞。柄上设为一大圆盘牌体，其外侧为同心三玉环，内两环可左右及上下转动，有铁质杆为轴。三环上均饰浮雕变体长形凤鸟纹。核心为一镂雕圆玉球，由两半合成，能上下转动。其两极区为三曲火纹，其余区为花枝纹。圆盘体两侧均为出廓的镂雕凤鸟纹。上方为一出廓的镂雕一对大型龙纹，面相对，有翼，为飞龙。可见龙头上有角，有须，身上多卷云状的附件，形势凶猛。玉质为白玉可能，坚硬，出露不多。总貌多灰红色及灰黑色沁斑，分散，又多风化白斑。

本器为礼器中的重器、大器，形制高大威严。主体圆盘体为礼天的玉璧发展而来，代表天体在旋转，立于敬畏的双头虎之上，又示龙凤为天空的主宰。总观象征着古人宇宙观：天圆地方，中央的圆球体，上有花纹可能代表太阳。天转地不转、天外有天。这种大型礼器，实为超大型重器，未见于相关文献，有着重大价值。

070（S^{C}_{724}）大型龙凤饰簋豆盘组合祭天玉礼器，一对（春秋）

通高 58.3cm、下层高 21.4cm、上层高 27.5cm、通宽 27.5cm、簋径 12cm，总重 5.7kg

多层高台式，由一套不同器形部件组合而成的大型玉礼器。自下至上有：

（1）长方形四兽足玉座。长方形座面，面下沿边有一个斜坡及一条内缩沟。斜坡面饰尖角向上的叶脉纹。座四面有四个浮雕兽面纹的兽足，有三爪。

（2）深圆腹玉簋，两侧为龙头，现半身，有两角，两眼前视，龇牙吐舌，有大羽翼向前卷起，并显龙前肢，见三爪。簋两面为兽面纹及几何纹。上有盖即豆足。

（3）玉豆，浅圆腹，下有一圈足，为下簋子母口相接。圈足上及豆腹上均为向上、向下的三角叶脉纹，腹口沿下还有波浪纹。豆面上两侧树两人形柱，柱上下接圆柱体，中部鼓起，其上饰上下尖角的叶脉纹。豆面中央树上圆形牌，牌上有镂空文字一个（篆字“平”或“本”），圆牌两侧有圆雕凤鸟。圆牌上下端作瓶颈形，其自上有细柱形榫，其下已黏接。

（4）长方形玉盘，盘接上双人形及圆牌上端榫头之上。浅槽状，盘外侧饰向上的尖角叶脉纹。

（5）双凤鸟护瓶形饰，其中央为以榫头上下接的活动圆牌，牌上两面各以篆字书写“平”及“本”。其最上端圆雕一小玄鸟，昂首展翅欲飞。文字含义待研究。礼器中，簋盛五谷，豆装肉及菜，盘可能盛水。

本器结构复杂，集圆雕、镂雕及浮雕为一体，以及黏合、掏膛工艺，还有少见的活牌转动工艺。玉质坚硬，可能为白玉。以棕红色沁为主体，下部沁色较深，作赭色。有风化的白斑。纹饰以圆雕龙凤为主，主体纹为兽面纹，但有五处施叶脉纹，其为春秋时的典型纹饰。总体保存良好，但有多处破裂及小损。共有一对，两件中间牌上字有不同，其余均相同。

这既是一件高大的国家礼器，是罕见之物，又是一件大型陈设艺术品，很可能是礼天大器、重器。

二、玉兵仪器类

一般照青铜兵器制作而来，工艺精湛，但已非实用，只用作仪杖器。

071a（细部）剑格

071b（细部）剑首

071ab（S_{515}^{C}）兽面纹螭龙纹玉剑，一对（春秋晚期）

通长 60.5cm、剑身（腊）长 37.5cm、剑首长 15cm、剑格高 4.5cm、宽 9cm、茎长 13.4cm

此剑属一对剑，其中之一略有残破。原件由四部分组成，今见接合处有胶，可能为胶粘合。剑首圆柱体，略向外增粗，径 5cm 至 6cm。内头平有銎茎插入。外头有镂雕花边。正面前后为浮雕兽面纹，极为庄严。两侧为浮雕突起卷云纹，完整（见细部 071b）。茎由 10 楞圆柱组成，径 3cm。光洁。剑格倭角长方形，近剑身一面，边缘有镂雕纹，两头均有銎孔，供茎及剑腊插入。两面均饰游动的螭龙纹，一件有损坏；两侧为兽面纹（见细部 071a）。剑身前锋作尖角形，中脊两侧从示血槽状，锷作两面刃较锋利。为传统剑身略有别，剑身从后向前变窄。

这种玉剑文献中未曾见。玉剑风格工艺规正、威严。其剑格与剑首同春秋时期某些种类相似，而有别战国、汉和西汉传统剑饰。此剑是祭祀礼仪的神器，令人产生敬畏与震撼。气势宏大，有王者之气。这一对玉剑可能属古代的雌雄剑。通体赭褐色沁并有白化斑，坚硬。

072　　073

072a（细部）剑格

072b（细部）剑首

072ab（S^{C}_{664}）褐沁虎形饰卷云纹玉剑（春秋）

长 61cm、剑身长 37cm、剑柄长 17cm、剑格高 5cm

宽剑身，达 5.7cm 至 5.3cm。前锋尖，残断缺一段。剑身，中部较厚，两侧变薄，边缘饰连续卷云纹，浮雕。剑格，为虎形，背朝剑首，一端为虎首，另一端为虎尾，向下盘卷分叉。虎首张口龇牙，额上有两耳及中间竖弯的冠，眼鼻突出，凶猛。虎身上浮雕两足有爪，足上各饰两叶翼，示为翼虎。剑格宽厚一面示虎背突起，一面平齐。剑柄为七个圆环形箍构成。剑首为弯首虎头，张嘴龇牙吐舌，下有须。额头上对耳及上翘为冠。双目及鼻突出，极为凶猛。

本件是艺术化的玉剑，突出虎的凶猛。青玉，坚硬，有赭色－棕红色沁及白斑。除剑略微残破外，全身保存完好。

本件应与 073 为一对剑。

073（S^{C}_{553}）褐沁虎形格刻纹玉剑（春秋）

通长 65.8cm、剑身长 39cm、宽 4.55cm，虎形剑格宽 14cm、高 8.3cm，剑茎长 15cm、径 3.5cm，剑首高 5cm，长 5.8cm

剑身前锋尖锐但不锋利，双侧有锷，琢刻卷云纹高起，变形。剑格虎形，背朝下，一侧为虎头，另一侧为虎尾。虎身琢浮雕，正背面为勾云纹，下边为两个双锚头纹。剑茎粗，上有圆弦纹十一道。

剑首为圆锥形，饰以蕉叶纹。有可能剑身与其下部分分别独立合装在一起（胶合？）。青玉，坚硬，重褐赭色沁，有大量的白斑及白化斑。

074（S^C_{694}）兽面叶脉纹玉剑（春秋）

长61.5cm、剑身长41cm、宽7cm；剑格宽3.6cm、高6.2cm；剑柄长11cm，径3.5cm；剑首径6.5cm，高3.1cm

大型玉剑。剑身长板状体，两锷双刃减薄，剑锋三角形，无纹素面。剑格呈上尖三角、下平（无凹），饰以浮雕兽面纹。剑茎（柄）扁圆柱状，上有竖列叶脉纹。剑首为圆锥状体，底有圆盘体，略内凹。外饰横列分节叶脉纹。总体视玉剑形制属较早期形式，无标准剑格、剑首及剑身格式。叶脉状示属春秋可能。属杂质的地方玉，较轻。褐色沁，略有白化斑。

075（S^C_{539}）白玉瑞兽首玉剑（春秋）

长50.9cm、剑身宽3.5cm、格宽7.2cm、首宽5.4cm、茎厚2cm、剑格厚1.8cm

剑身中脊两侧有浅血槽，外有锷，不锋利。锋三角形，较钝。剑格为宽长的长方形，断面作扁菱形，中部厚；上下面均有尖突，近剑身侧格两头有两方形物、上饰回形纹。格上饰浮雕兽面纹，臣字目。外侧有一对弯曲似角，上有平伸的发饰。剑茎方柱形，上有四节羽叶纹。剑首为一半圆雕瑞兽，四足立一厚板之上。端兽突目龇嘴见牙，下有须，双耳外有一对长角卷曲。四脚有爪，卷尾。白玉质，坚硬，微青，黄土沁，重处为褐色，略有白斑。保存完整，是一件难得的精品。

074　　075

076（S_{527}^{C}）白玉龙首兽面纹玉矛

（战国）

通长 48.7cm、矛身长 35.3cm、茎长 9.8cm、矛身宽 3.85cm

此矛应属一种玉矛，有格无首。矛其两侧有深血槽，无锷刃。矛身较厚。尖锐角矛锋。方形格，断面菱形不突出，其两面均深雕兽面纹。圆茎一端设一龙首，张嘴露牙，双目外突。头上有双角，下面须毛，后有龙发刻在茎上。白玉质，坚硬，有红沁及赭灰色沁，后者可见白斑。基本完整。应属少有的精品。

077（S^{C}_{541}）螭纹兽面纹玉剑饰，四件一套（战国）

剑首圆盘形，鼓面为圆嘴螭与尖嘴螭相追斗，后者咬住前者的尾巴。高浮雕，径 5.6cm。背面平面，中有一圆孔及外环形线，饰阳纹菱形 4 个及弯曲云纹。剑格平面长方形，上有凹口及下有突尖，断面菱形。一面为深浮雕螭纹，另一面为兽面纹。宽 7.1cm、高 4.2cm。剑璏长 10.75cm、宽 3.05cm，正面是螭虎高浮雕，背面加工光洁。剑珌梯形，两边略弯曲，高 4.9cm，宽 5.3cm。一面为高浮雕螭纹，螭虎尾作扭丝状，另一面为兽面纹。白玉质，坚硬，受土黄沁及褐色沁，有白斑。做工精良，保存完好。

078（S^{C}_{520}）螭纹兽面纹玉剑饰，四件一套（战国）

青白玉，坚硬，普遍有棕黄色沁，有白化斑，保存完整，工艺极佳，犀利，有玻璃光泽，形体较大。剑首，为圆饼形，径 5.3cm，厚 1.4cm，有銎孔装茎，孔径 0.8cm，深 0.6cm，边缘有环形物。以阴刻勾云纹为主。正面鼓起，示高浮雕圆嘴螭及尖嘴螭游动。剑格断面菱形，上有一凹槽，下有一尖头，装剑身及茎用，宽 7.5cm，高 4.2cm，厚 2cm。正面为圆嘴螭，高浮雕游动，边有一小尖嘴螭，背面为兽面纹及云纹，阴刻低浮雕。剑璲，长 10.2cm，宽 3.3cm，厚 1.8cm。除一般形式外，正面为圆嘴螭及尖嘴螭，高浮雕游动。一侧边缘有纹饰镂雕突出框外。剑珌，为上狭下宽的圆柱梯形，宽 7.2cm，高 3.5cm。一面为高浮雕圆嘴螭加一小的尖嘴螭纹，背面为兽面纹及云纹，浅浮雕，断面上有小深圆孔及两侧的斜孔。

以上四件套形式较大，与西汉南越王墓出土发表的图片对比，除首较小外，其余三件均超过其尺寸，工艺精湛，色彩美观，是难得的艺术精品。

079（S^{C}_{257}）白玉螭纹兽面纹玉剑饰，四件一套（战国）

四件用白玉，受沁重，作黑褐色，具风化白斑，玉质坚硬。雕件表面光洁，抛光好。螭龙纹生动。剑首，圆盘形，径5.5cm，厚2.5cm，正面雕一盘身螭龙。背面有一圆凹槽（径2.5cm），中有三小孔，固定用。剑格，长方形中空，上侧有一凹槽，中有圆孔，装剑茎用；下侧尖状突起，中一凹槽，装剑身用，格一面为突雕螭龙弯曲状，一侧为平雕刻兽面纹。剑璏，长方形，长11.6cm，宽3cm、高2.4cm。上平面突雕螭龙，长卧姿，头弯一侧；下两端卷起中带一抽屉状中空。剑珌，高4.85cm，宽5.3cm，厚2.1cm。方梯形，下大上小。下边平上边有一圆洞及边两侧小孔，固定用。一侧为螭龙纹，突起弯曲身，另一侧兽面纹平面。

080（S^{C}_{368}）红沁卷云纹兽面纹玉剑饰，四件一套（战国）

剑首，径5.15cm，正面三圆卷云纹，中心有方格纹；背面圆槽口径2.35cm，外有三斜孔。剑格，宽6cm，剑峰侧有宽槽，剑柄侧有长方圆孔，边薄尖，两面均为兽面纹加卷云纹。剑璏，长9.7cm× 宽2.4cm，背有宽槽匣，正面有一端兽面纹，两段卷云纹。剑珌，梯形，高4.25cm，宽4.8cm，两边薄尖。一头有圆孔及一对斜孔，兽面纹加卷云纹。全部棕红色沁为主体。有白色黑沁及风化白斑。

081（S^{C}_{421}）兽面纹盾形玉剑珌（战国）

高 5.1cm，宽 4.5cm，厚 1.1cm

双面浮雕，不同形的兽面纹，一面兽面纹有一个向上的大箭头；另一面上有一对长发辫子，中间有一个心形，盾形上平下圆。中间厚向外变薄，上有一深圆孔。棕红色沁，坚硬，有碎裂状，有白斑。

082（S^{C}_{452}）谷纹厚玉剑首（战国）

径 5.4cm，厚 2.2cm

圆盘形，厚边。正面中央突起，琢三云纹（火纹），外有弦纹，其外为谷纹。背面有一阴刻圆圈，中间三个斜孔。灰棕色沁略有白斑。

083　　　　084

083（S^{C}_{522}）黑沁谷纹玉剑珌（战国）

宽 5.8cm、高 5.6cm、厚 1.7cm

边曲的梯形，两面勾连谷纹，具涡卷纹，有宽边带。上边断面上有深鋆孔及两侧的斜孔。青玉质，黑赭色沁，略有白斑。

084（S^{C}_{425}）兽面纹玉剑珌（战国）

高 6cm、宽 5.3cm、厚 1cm 至 3cm

梯形、双侧边略弯。突起的兽面纹及云纹。牛角形，有边框，纹饰规正。白玉，坚硬，有灰黄色沁，并有白斑。微残，一端有圆孔及两侧斜孔。

085a（细部）神徽

085b（细部）神鸟

085ab（S^{C}_{558}）良渚神徽神鸟七孔梯形大玉刀（新石器时代 良渚文化）

梯形长边 49.5cm、短边 43.5cm、宽 10.2cm、厚 1.2cm

扁梯形，长边为刃，两端各有八个突齿。靠背侧有七个大孔，孔距不严格大概为 4.4cm 至 4.8cm，两直孔见有台痕。径 1.55cm。双面刃，不锋利，青灰色玉质，坚硬，应属小梅岭玉（透闪石质）。局部有灰棕色沁，普遍有风化白斑。白斑多沿边缘、沿孔及神徽与鸟身纹上，示开孔在入土之前。一面中间偏刀刃处有一神徽，示圆双眼鼻嘴等。在两头又有圆单眼及一长形饰物为神鸟纹。良渚文化中梯形刀极少见，本件具有神人及鸟纹，可能是目前发现的一件重要的孤品。

086 a 正面

086 b 背面

086ab（S^{C}_{513}）九孔铭文梯形玉刀（夏代？）

梯形，长边 40.5cm、短边 28.5cm、宽 10.5cm、厚 0.6cm

宽梯形，长边为刃口，双面刃，不锐。短边靠边有一排等距九个孔（双面喇叭孔、中间打通）。孔向内有一排阴刻篆字，双面共 40 字。以直线笔为主，浅阴线。大部分可认，含意不明。青玉，有许多横向绺裂，沿绺多褐红色沁，边缘出现白化（浅橙色）斑。中央开窗露原青玉。铭文待研究。

087 a 正面

087 b 背面

087ab（S^{C}_{500}）九孔铭文梯形玉刀（夏代？）

长 40cm、宽 6.7cm、厚 0.62cm

青白玉，坚硬，有褐沁与牛毛纹，沿细裂纹。透光，中央开窗。长梯形，一侧双面刃。九孔位靠边，孔双面喇叭孔，中央小孔。背面横列细阴线刻篆文 16 字至 18 字，排列整齐，笔划多简化。玉刀边棱孔间及刻字多风化白斑，示孔及字均在入土前已有。字体大半可认，含意不明。表面光滑有光。有重要的研究价值。

086 a 正面

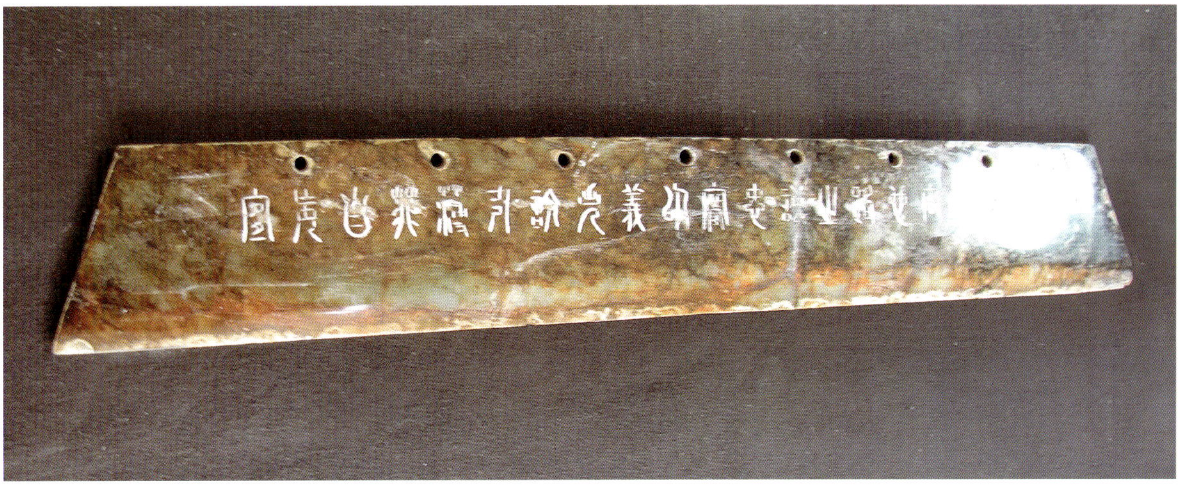

086 b 背面

088ab（S^{C}_{544}）七孔铭文梯形玉刀（夏代？）

扁梯形，宽边长 38.5cm、窄边长 34.4cm、宽 5.7cm、厚 0.5cm

梯形刀，窄边有等距七孔，直穿孔径较大，0.45cm，靠边。近孔一边有一排 20 个字（两面共 40 字）。篆字，琢刻整齐正规，文字多用直线，大致可认，但不懂含义。双面刃不锋利。淡青玉，坚硬划不动，有绺裂，沿裂多褐色及赭色沁。边棱及沿琢刻部分孔边多白斑，刻字及打孔在入土之前，有磨平及抛光，呈玻璃光。

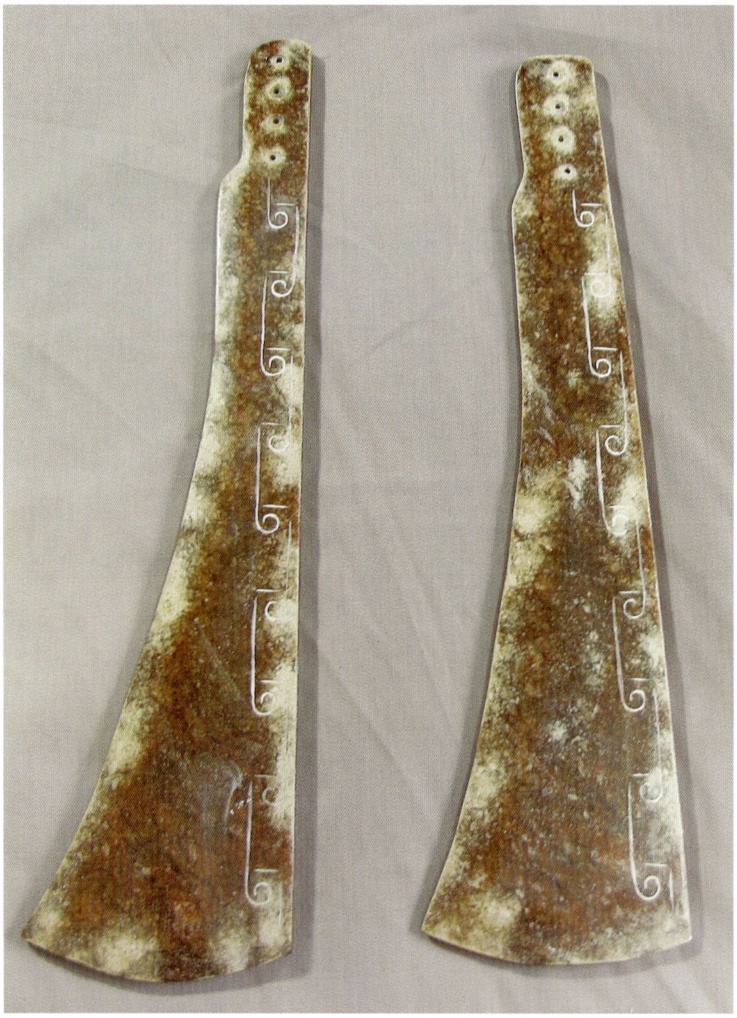

090（S^{C}_{713}）　090（S^{C}_{782}）

089（S^{C}_{545}）十一孔刻纹梯形玉刀

（夏代？）

扁梯形，宽边长36.5cm、窄边长30.7cm、宽5.05cm、厚0.5cm

十一孔，单面喇叭孔，孔列之内侧有一排花纹，为勾连卷云纹，似用砣具阴琢刻，较粗放，约有六组纹。直背双面刃，不锋利，尖头残一小段，在断后入土。玉质、受沁及白斑与上号玉刀一致，玻璃光良好，十一孔罕见。过去发现薛家岗文化有十一孔及十三孔石刀，但非玉刀。

090（S^{C}_{713}、S^{C}_{782}）四孔短柄长条形弧刃刻纹玉刀，一对

（商—西周？）

长27.8cm、宽3-5cm至7cm、厚0.5cm

扁平长条形，一头短柄，上有单面4喇叭孔。刀身一侧保留为直背边，前头为钺形双面刃，另一侧为向内缓弧形双面刃，应属刻刀。刃口厚减一半，但非实用。在刀面近背边一侧有阴刻几何花纹，呈勾连云纹状。玉质不清，坚硬，有粒状结构，灰褐色沁。在边缘及孔上均有风化白斑。

本件从纹饰及器形同一件窄梯形十一孔刀（S^{C}_{545}）极为相似，应属近类同产品，为其发展产物。其一边保存着梯形刀的直背及刻纹，另一边发展为弧形刃。是一件有价值的玉刻刀。

091

092

091（S^{C}_{595}）方柄龙纹刻纹弧刃玉刀（西周）

长 27.2cm、宽 6.9cm、厚 0.5cm

与下一件S^{C}_{594}相近，可作为一对。差别在方形柄，刀背较为平直，龙纹以双阴线居刀背内侧。柄中有一孔，在刀刃下也有一孔。青玉，玉质受沁均相似。

092（S^{C}_{594}）有柄龙纹刻纹弧刃玉刀（西周）

长 28.5cm、宽 6.4cm、厚 0.5cm

一面曲刃，两面刃，后部略内凹，刀尖翘起，刀背前段也突起，似“关公刀”。柄窄宽 3.4cm，镂雕及上平雕一龙头，臣字眼，有角。纹饰连到刀背内侧，一个双阴线为主的几何云纹带。柄上上方存一系孔，单面作。有褐红色沁及边缘白斑。

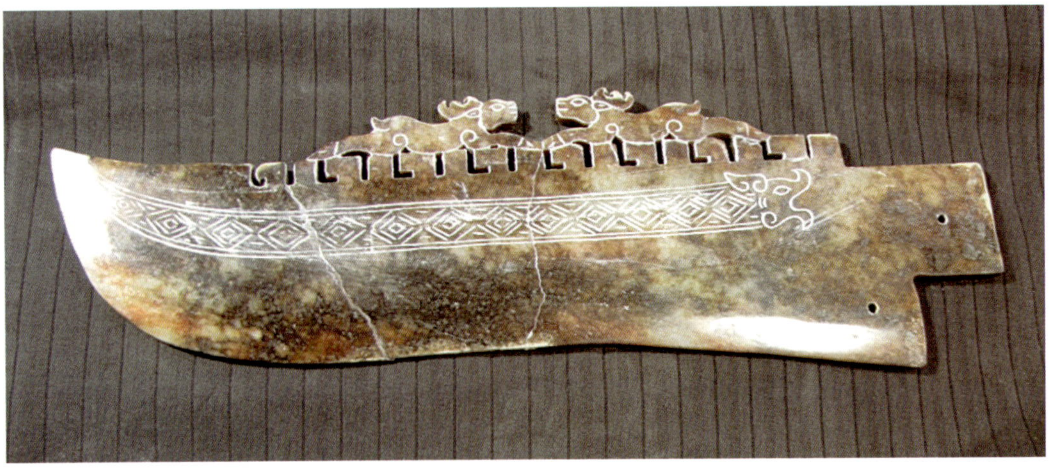

093（S^{C}_{772}）小方柄双瑞兽饰刻纹弧刃玉刀（晚商—西周）

长 32.8cm、宽 9cm、厚 0.6cm

薄片形，短方形柄，中有一单面孔。弧刃刀尖上翘，凹背刃微内凹。刀背上有锯齿状扉棱，其上饰镂雕相对面的双瑞兽。刀面近背阴线琢蛇身龙纹，身上为多节的重菱形纹。近后部靠下有单小孔。白玉微青，坚硬，多棕色及褐色沁斑，边棱有少许白斑。保存完好，但有中断，已修好，是罕见的精品。

094（S^{C}_{786}）龙形柄五孔刻纹弧刃大玉刀（西周晚期）

长 46.7cm、宽 7.8cm、厚 0.6cm（上粉）

片形大玉刀，柄作龙形并刻龙头纹。尾卷曲成孔，可系。刀身一侧为弧刃，刀尖翘起。刀背前部也有一弧形凸起。背边有五个等距单面直孔，孔边有白化。刀身近背一侧有一系列双阴线云纹，手工制作。青白玉，坚硬，有褐色沁及风化白斑。保存完整。具平行刀背五孔，应同早期梯形刀有关。本件特大而有精美纹饰，是一件罕见的珍品。

095（S^{C}_{757}）龙形柄刻纹弧刃玉刀（西周）

长 27.1cm、宽 7.3cm、厚 0.6cm

板状凸弧刃龙形柄刀，龙形有角、有耳，以双阴线刻纹。刀身为卷云纹，刀背有简化鸟纹。双面刃，偏后有一单面系孔。制作规正，有艺术感。青白玉，有褐色沁斑，边缘有白斑。有原裂纹一条。是一件少有的玉刀珍品。

096（S^{C}_{760}）龙形柄刻纹弧刃玉刀（西周）

形式同S^{C}_{757}为一对，纹饰略同，没有破裂纹。完好。是一件玉刀珍品。（上粉）

097（S^{C}_{770}）凤形柄刻纹弧刃玉刀（西周）

长 23.3cm、宽 7.2cm、厚 0.55cm

凸弧形双面刃，刀尖上翘，刀弧弯曲度更大。刀背有简化鸟纹。凤鸟形柄，见圆鸟头、曲喙，头上有高冠，颈下有披下羽毛纹。以下还有配合的纹饰，如鸟足等。刀身及柄上多双阴线平雕云纹、回纹等。红褐色沁，青白玉，坚硬，边缘有风化白斑。应与龙柄弧刃刀为一对，略短，弯曲度大一些。（上粉）

098（S^{C}_{794}）白玉龙形柄刻纹弧刃刀（西周晚期）

长 20.8cm、宽 10cm、厚 0.6cm

横錾圆弧刃，似钺刃。柄作龙形，刀背上还设一小凤鸟首。刀身上多卷云纹等双阴线刻纹。柄上有一单面孔。白玉，赭色褐色沁重，保存完好，有风化白斑。有玻璃光。是一件保存完美的钺刃为特点的横柄刀。（上粉）

099

100

099（S^{C}_{557}）蛇头柄“关公式”玉刀（东周？）

长 33.9cm、宽 7.6cm、厚 1.5cm

弧形刀刃，不锋利，刀背弧形前部有一突起，刀面增宽，弯尖头。刀面沿背边有一系列的回形纹，阴刻。横格长达 1.9cm，上有圆圈纹。刀柄头弯曲琢刻作蛇头形。青玉，有细丝状褐色沁及白化斑。甚为罕见。完好无损。

100（S^{C}_{623}）兽形四孔玉刀（西周？）

长 31cm、宽 11.4cm、厚 5.5cm

平板状，长条一侧为背，另一侧为双面刃。两头镂雕成简化兽形，似龙首，圆孔为眼，细缝为嘴等，朝向各相反。背中间有一孔，共四孔。青玉，坚硬，有碎斑状，有灰褐色沁及白化斑，尤以刀边及圆孔处。表面有玻璃光，中间有长裂缝。

101（S^{C}_{728}）璋尾兽首六孔玉刀（西周？）

长 44cm、宽 10cm、厚 0.6cm

板状体，一头为简化的兽首，有尖的吻部，有一孔示眼，另一孔及斜列缝示嘴。身边还有凹形格及边饰。另一头作尾，为分叉的璋。器的两侧磨薄作双面刃，应为礼仪用刀。孔为喇叭形单面。青玉褐色沁较深，有白化斑。

102（S^{C}_{729}）方尾兽形六孔玉刀（西周？）

长 33.9cm、宽 9.8cm、厚 0.6cm

与上器可能为一对，略有差别。板状体，一头为简化的兽首，一孔示眼，另一孔及斜缝示嘴，示尖吻部。喇叭孔，单面，边缘有凹形饰。另一头为平方形（示平首圭）。器侧面有减薄的双面刃，为礼仪用刀。受沁同上，保存完好。

103（S_{295}^{C}）阴刻凤鸟纹竖列大玉刀，一对（西周）

板状长方形，长 23.6cm、宽 7cm、厚 0.34cm

薄板形长方，顶及两侧有对称的脊齿。下端为平刀刃，较薄。两面均以双钩上下叠置的凤鸟纹。阴刻，凤纹高冠，长卷尾，昂首直立，圆目钩嘴，尾卷到头上。上有一系孔，下有粗壮的鸟足。青玉质，有渐变自然的褐色－红褐色沁，部分还可见青玉，边缘齿上多风化白斑。抛光良好。是迄今所见最大、最完整的一对。可能属刻刀类。应属珍品。

104（S^{C}_{521}）红沁卷云纹玉钺（战国）

长 18.4cm、宽 8cm、厚 0.75cm 至 1.4cm

长方形，后窄前宽，双面弧形刃口，后方头。后面厚向前变薄。器物后方有一纹饰宽带，为六层整齐的卷云纹，粗线阴刻。纹带前后各有一系孔，为单面喇叭孔。棕红色沁，不均，有白斑。做工精细，为稀有之器。

105（S^{C}_{517}）黑沁兽面纹大玉钺（西周？）

板状长方形，长 23.6cm、宽 7cm、厚 0.34cm

凤字头，弧形双面刃。方形内中有一单面喇叭孔，孔径 0.65cm。平肩，肩下有一对勾云纹及下面三对凹面朝外的卷云纹，半镂空雕，纹间有三小穿孔。肩下中央为双阴线兽面纹，其头额中有菱形纹，边有卷云纹。刻纹较粗示威严。表面完整磨光，青玉质，坚硬，满黑色沁，边缘有白化斑，浅棕色。

106（S^{C}_{548}）青玉兽面纹双内大玉钺（西周？）

长 25.3cm、宽 16.8cm、厚 0.5cm

凤形钺面，前方双面刃较锋利。中部偏后有一大孔，孔径 3.4cm。后方近内中央有一个小单面喇叭孔。钺后内为两个方形板状物，其后缘有七个突出齿。两面回纹饰，前方为双阴线平雕兽面纹及云纹，后方为一对向外相对简化的夔龙头纹。有玻璃光。为淡青玉，有浅褐色沁及其上出现的白斑。保存完好，品相一流。应为重要的玉钺珍品。

107（S^{C}_{716}）龙纹短方柄玉钺（战国）

长 17.3cm、柄长 14.2cm、总宽 9.8cm、厚 1.4cm

扁片形，一侧为短方形柄，上饰龙首纹及其他几何纹饰，其中突出的有三叶羽翼及网格图纹；另一侧为略斜列的两头卷曲的钺，双面刃口，形制良好。灰褐色沁，有风化白化斑，呈浅褐色。表面有两处明显的蚀孔群。原岩可能为白玉，坚硬。

108（S^{C}_{743}）青白玉直内大孔玉钺（西周）

长 21.1cm、宽 14.4cm、厚 0.55cm

风字形弧形双面刃，方尾直内，内中有一大孔。肩上有一对扁穿孔。青白玉多露出。有微裂，黄棕色沁斑，局部有白斑及黑斑。有玻璃光，两面均有双线阴刻平雕兽面纹，多卷云纹。钺尾中央两面各有铭文一字，不识。保存完好。

109 a 正面

109 b 背面

109ab（S^{C}_{531}）狗身饰铭文大玉钺（春秋）

通长 31.2cm、钺身长 22.6cm、宽 10.5cm 至 14.2cm、厚 0.8cm，重 1.3kg

钺后侧雕一狗身坐立姿，目视前方。狗底以一横档接钺身。钺身作凤字形，弧形双面刃，钝口。前大向后变窄。中间偏后有一大孔（径 1.8cm），双面喇叭孔，中间直孔。钺面一面为减地阳文，篆字三排六字，大致可认；另一面为变形粗线兽面纹。以孔为鼻子，两侧方眼眶圆眼珠。口部以弯曲粗线表示。玉质不明，有黑色沁，上有黄白斑（文字待考）。

110（S^{C}_{559}）龙凤饰大型钺形佩（战国）

高 25cm、宽 13cm、厚 2cm 至 0.4cm

主体钺形，后厚锋薄，斜列弧形刃，两端卷曲。钺面上浮雕一龙头。器后镂雕一凤身，下有彩带，上面琢细纹。青白玉，有 1/3 出窗。有黄 - 褐色沁，边缘有白化斑。属大型钺饰，少见。

111（S^{C}_{440}）青白玉龙形鋬玉钺（战国）

高 11.2cm、宽 6.2cm、厚 3cm

鋬为龙形浮雕，有角及冠饰。身上略有阴线饰，身下部又附一个小龙。钺为曲弧刃，两头内卷，刃略薄化不锋利。多处有残修。青白玉，多灰皮状及褐色沁。器身有明显“地弯”变形。少见。

112a 面

112b 面

112ab（S^{C}_{636}）青玉刻铭带柄玉钺（春秋？）

长 32.7cm、柄宽 13cm、厚 0.7cm、钺厚 2.5cm

方内两侧卷曲钺刃，双面，钺体两面均有铭文阴刻三排三字，共十八个字。字多简笔，不易认。柄穿钺头，一块料做。柄上头尖下头心形，中间有四个分节。柄手双面有四个篆字，共八字。褐赭色沁深，青玉有白斑。是一件立体雕琢带铭的完整古代钺的珍品，极有价值（文字待考）。（上粉）。

113（S^{C}_{732}）夔龙兽面纹带柄圆雕大玉钺

（春秋？）

通长 57.5cm、宽 17cm、钺头宽 18.5cm、柄径 3.1cm

钺身作突弧形卷曲刃，双面。后接一长方形銎，内置玉柄（柲）。钺头饰浮雕兽面纹，其眉两端翘起，外有勾云纹。銎上为夔龙纹，见头、身无足有鳍。銎后方连一排长形突棱，其上有三个小孔，可能为系装饰用的绣（红缨）用。穿过銎有一圆柱状长柄（柲），柄上下两头均作尖头状。銎以上出露的柄上有数道突出弦纹，其下整体柄上均饰浮雕蟠龙纹。整体黑赭色沁重，原玉质不明，但坚硬。有白化斑纹（作淡褐色）。整体保存极完整，形像惊人的完美。从现有文献来看，是一件难得罕见的连柄玉钺，有可能为“天下第一带柄玉钺”，是顶级玉钺。

114（S^{C}_{671}）青玉镂雕龙凤带柄玉钺饰板

（战国）

长45cm、宽16cm、厚0.5cm至0.6cm

钺首卷曲双面刃，后略大。钺首背有两卷云纹饰。钺首平面素身。钺近背接一钺柄，扁柱状。在前头尖有卷云纹，有一对双道横箍。后面柄有五道等距横箍。尾圆饰双卷云纹。柄两侧饰镂雕龙凤纹。右侧为一长形凤鸟，头上有曲冠曲喙，弯曲全身有六道曲鳍。左侧上部为龙身，有头冠，有四叶翼及卷曲身；下部为一卷曲凤身，也有翼。青玉，坚硬。普遍为红棕色沁，不均，有风化白斑。应属王者仪式上用礼器。

115（S^{C}_{523}）白玉龙凤钺形玉佩（战国）

11.5cm×5.8cm、厚 0.35cm

薄片形，一个两端卷曲的钺形外接一大龙首和一个小凤纹。龙凤浮雕上加镂雕，工艺精湛但有小残断。钺上细线阴刻勾连涡纹，工艺上乘。白玉质，略泛灰，有白斑。艺术性高，精细。

116（S^{C}_{525}）小型凤纹钺形玉佩（战国）

长 5cm、宽 4cm、厚 0.25cm

薄片形小玉饰，上部为转身镂雕浮雕凤鸟，下部为一玉钺，一侧卷曲另一侧残。表面细线阴刻卷云纹，精细整齐。青玉，赭－褐色沁，边有少许白斑，总体虽小，但工艺优美精致，惜残。

117（S^{C}_{488}）雕花鱼纹钺形玉佩（战国）

长 7.6cm、宽 8cm、厚 2.1cm

作锚形钺玉佩，钺前方的弧形刃，刃口较薄。刃两侧上方有三个扉棱牙。方形銎（上雕浮雕小鱼纹），可见对眼及鱼鳞。銎一侧有半长圆形人面，另一面为长条形把。钺面有倒尖形纹一组及卷云纹，有三个系孔。玉质好，棕色沁，部分有风化白斑。造型古朴美观，是象征性非实用物，是少见的艺术珍品。

118（S^{C}_{758}）大孔近团形玉戚（西周）

长 13cm、宽 13.3cm、厚 0.55cm

板状体，双面弧刃，略呈梯形，两侧有四个牙状脊棱，体后边略圆。素面，中一大孔，径 2.3cm，单面孔。后面还有一单面小系孔。全器完好，有一微裂，青白玉，微发灰。有褐色沁斑及黑色沁，边缘有白斑。

119（S^{C}_{773}）白玉斧形玉戚（晚商？）

长 17cm、宽 6.1cm、厚 0.6cm

板状长方形，前头为弧形，双面刃。后边为方尾，略小。两侧扉棱有六个牙，尾部一小孔，中间一大孔，均为单面施工。白玉，坚硬，褐－黄红色沁，有网状绺裂，前端有白斑。

120（S^{C}_{793}）白玉龙纹兽面纹钺式戚（西周晚期）

高16.1cm、宽11.5cm、厚0.5cm

外形似钺，前有圆弧凤字双面刃，后双肩上有一对扁孔。内中央有条形竖孔。钺身及内两侧均以卷云纹的扉棱，每侧五个。戚中央大孔已演变为卷体的龙身，其前方则为兽面纹。纹饰以双阴线平雕为主。总体制作精细规正。白玉质，褐色沁重，有白斑及黑色晕，表面有玻璃光，保存完好。是一件罕见的优美玉戚。（上粉）

121（S^{C}_{596}）人形纹直内玉戈（西周）

长26cm、宽4.5cm、厚0.4cm

戈身（棱）长剑形、微弯，尖首。直内两侧有四个扉牙，有一系孔，后边略斜。两面刃，未使用过。戈中背突起。青玉，坚硬，棕红色及红黑色沁，边缘白化斑。戈后部有人形纹阴线琢刻，头上有道发饰，大眼大耳（卷云形），手足似爪，后又有卷尾贴地。

122（S^{C}_{363}）黑沁圆雕螭虎穿云戈抱璧玉饰（战国）

长 16cm、宽 9.3cm、厚 2.2cm

原在一个玉戈及附一个小玉璧平面上，一面圆雕一对穿云的螭虎，形象生动活泼。螭虎尾巴作绞丝纹。戈后内上有一小系孔，穿上有三孔。普遍为黑－赭色沁，有明显边缘白斑。背面为阳线平雕，也以螭虎纹为主体。是一件少有的珍品玉饰。

123（S^{C}_{455}）组合铭文玉戈（一套，大小共九件）（战国）

自大至小排列，长 16.2cm 至 8.1cm、宽 8.1cm 至 4.85cm

形从战国晚期青铜戈，大小有变化。圭头援，略弯，有中脊。援与胡接处有两个齿状突起，内方形有一弧形缺，有一扁方孔。胡两侧有竖凹槽，无穿。固定在援一侧。各戈上有两排琢刻篆文，计十个字。字细深，以直线为主，多简笔或漏笔，难认。各戈文字不同，共九十个字。该戈玉质坚硬，橘红色沁，白玉－青白玉，边缘多风化白斑。总体完整，微残。九表示古代最大数。文字待研究。

124（S^{C}_{467}）组合铭文玉戈（一套，大小共九件）（战国）

长 15cm 至 10.3cm、宽 7.5cm 至 5.35cm

124（S^{C}_{467}）一件细部，上粉示文字

玉戈全按青铜戈的样式制造，略缩小。援中有脊，内长方有弧形缺，有一扁方孔。援头圭形略弯，援与胡接处有两个齿状突起。胡两侧有竖凹槽。无穿。戈的形式应属战国晚期。属青玉，有原生纹理，有深青色沁及黄白色白斑，有的白斑中可透光。每个戈援上有纵向文字两排，计十个字，系简笔篆字为主，部分可认。有可能属殓玉，非实用，为上层贵族墓葬用品（文字待考）。

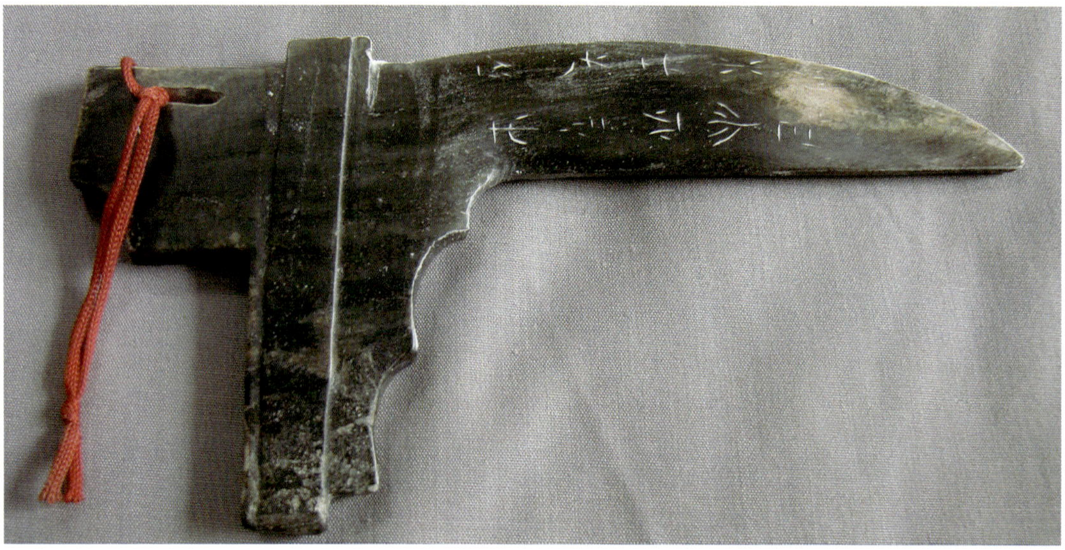

125（S^{C}_{309}）青玉铭文玉戈（战国）

通长 13.7cm、宽 7.1cn、厚 0.5cm

援总体圭头形，略弯弧形，中有脊。末端与胡接处作三个齿状刺小弧形，无穿孔。做工精细，有玻璃光。内作方形，有一长扁孔。资料上示这个戈形式属战国晚期。铭文阴刻在援背两侧，两排共十个字。青玉沁不重，略见褐沁及白斑。

126（S^{C}_{792}）白玉龙凤纹戈（西周晚期）

通长 21.5cm、宽 10cm、厚 0.5cm

舌形援，有尖形锋；末端有横向的胡及后突的内，内中央有单面穿孔。戈后部均琢刻龙纹及镂雕凤鸟与伴生的卷云纹。胡顶部设一龙首，内边立一镂雕凤鸟，援后两侧又多扉棱。白玉，坚硬，有褐色沁及少量白斑与黑色沁晕。是一件罕见的艺术化的玉戈。（上粉）

三、文化玉用具类

密切关系到汉文字及艺术等文化内容

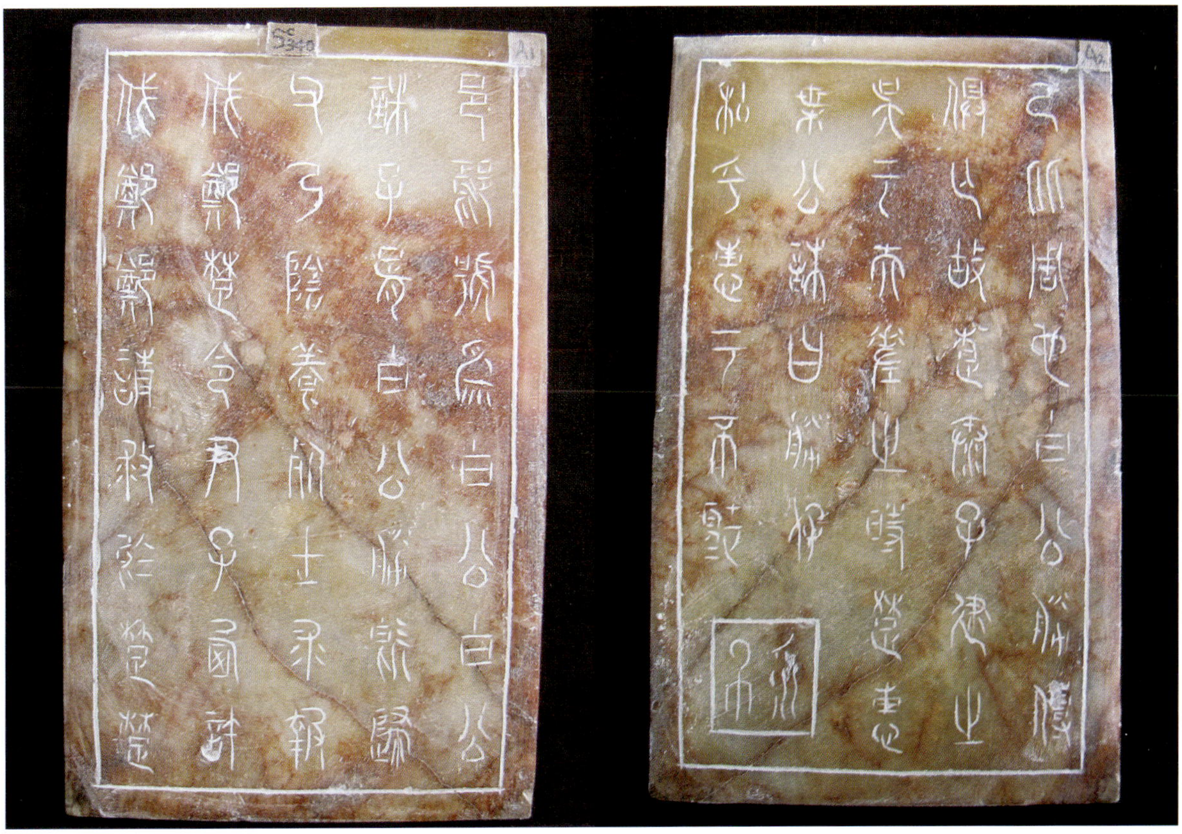

127 A_1 127A_2

127（S^C_{340}）棕红沁铭文玉册板（大号）（战国），一块两面，号 A_1A_2

长方形玉板，长 18.3cm、宽 11.2cm、厚 0.5cm

白玉质，坚硬。棕红色沁，沿裂缝进入。边缘有白斑，伴生黑色沁。面板表面平整，高倍放大镜可见，有不同方向细划痕。两面刻字，其一面最后有一方形章印，中央一个篆字，除此之外，共有七十六个字。用砣轮琢刻，尽量用直线，少有曲线。刻划较深，有力，分布整齐。

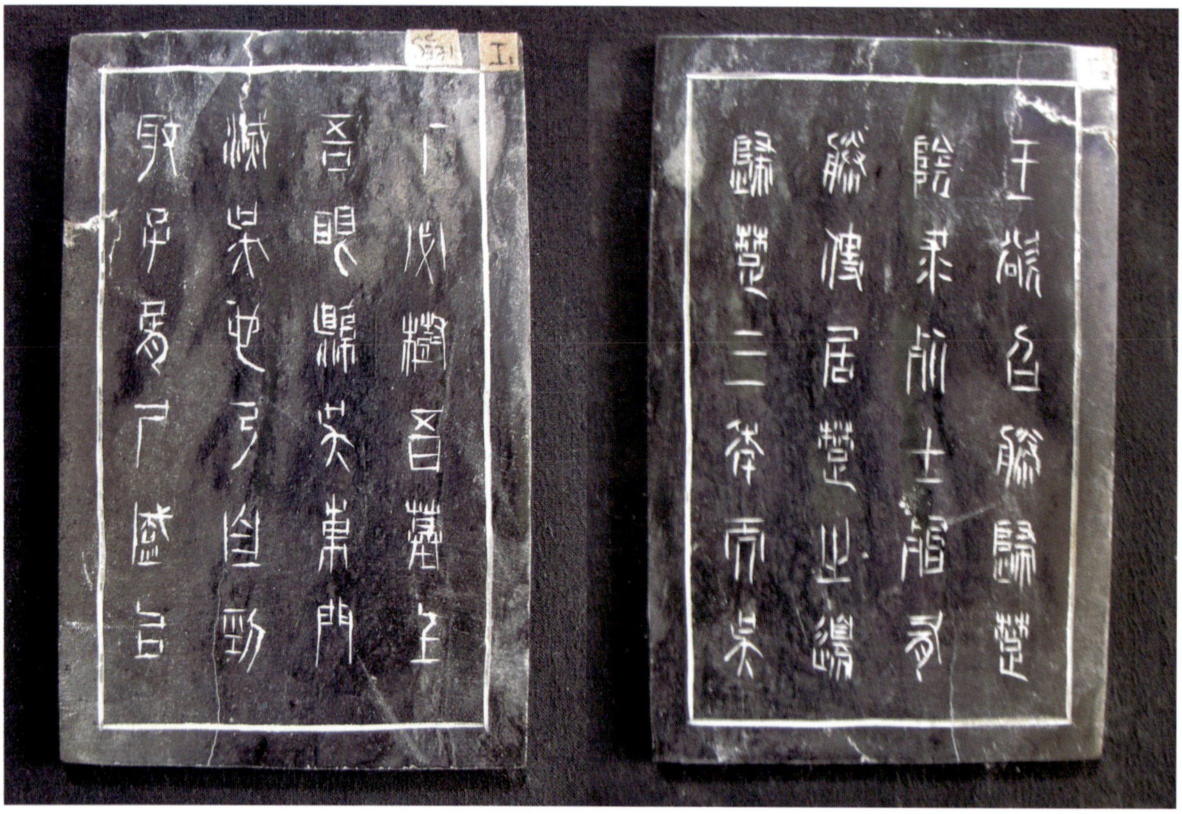

128I_1　　128I_2

128ab（S^{C}_{371}） 黑色沁铭文玉册板（小号）（战国），一块两面，号 I_1 I_2

宽 10.1cm、长 15.5cm、厚 0.5cm

有边框，两面刻字。每面四行，每行六个字，共四十八个字。以横竖直线为主，少曲线，篆字。较深刻，刻划中多粉化，因而显字。普遍黑沁，局部还见透明玉质，坚硬。略有白斑，有裂纹。

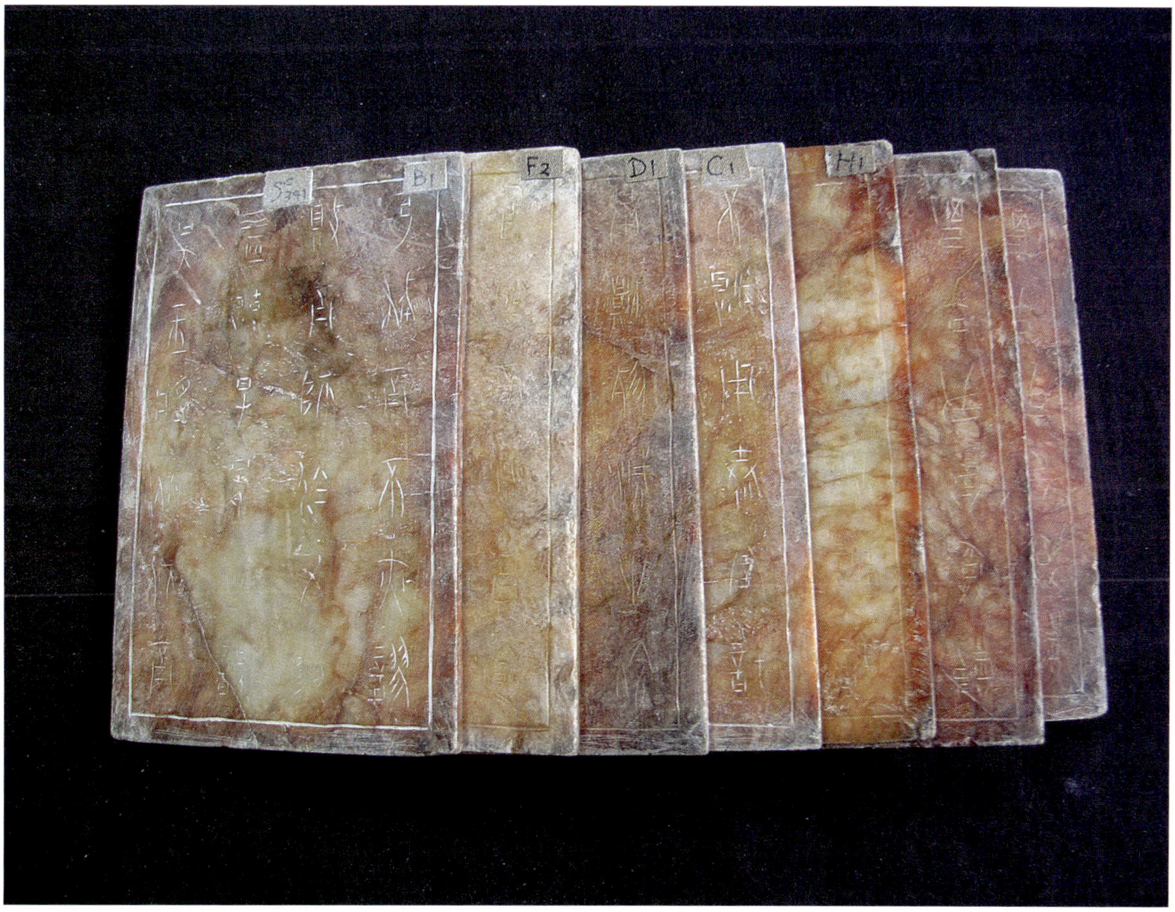

129a 玉册实物照片

129 a-j（S_{341}^{C}）棕红沁铭文玉册板（小号）（战国），七块十四面，号 B-H，124b-j 是摹本

长方形，长 15.5cm、宽 10cm、厚 0.5cm

白玉透明，棕红色沁及局部有白斑。刻字每面四行，每行六字。篆字，又有减笔，刻字比大号板为浅，略草率。文字上其中一面（B_2）（129h）下有一方格章。有重复现象，除重复 E1、E2、F1、G1、H1 五面外，所有九面共二百一十二个字（除印章外），用摹本照相较为清晰。

129a（S_{341}^{C}）为实物玉册集合照片，129bcdefghij 为玉册摹本照相。

从以上S_{340}^{C}到S_{371}^{C}及S_{341}^{C}共九块十八面玉册，其中除去重复的五面计一百二十个字外，共有三百三十六个字，印章文两个。其内容现读可知人物有“楚惠芈公”“白公胜”“令尹子西”及“伍子胥”等。有关事件如“召胜归楚”“归楚三年，吴杀子胥”“伐郑、楚令尹子西许伐郑”“楚惠芈公讹白胜”“（子胥）必树吾墓上，吾眼悬吴东门”“白公胜，阴养死士求报伐郑”等。从人物及事件初步判断，玉册内容是战国早期楚惠公时的人与事，大约是公元前 487 至公元前 432 年间的事。司马迁《史记》中《楚世家》的内容与以上有某种相似性。

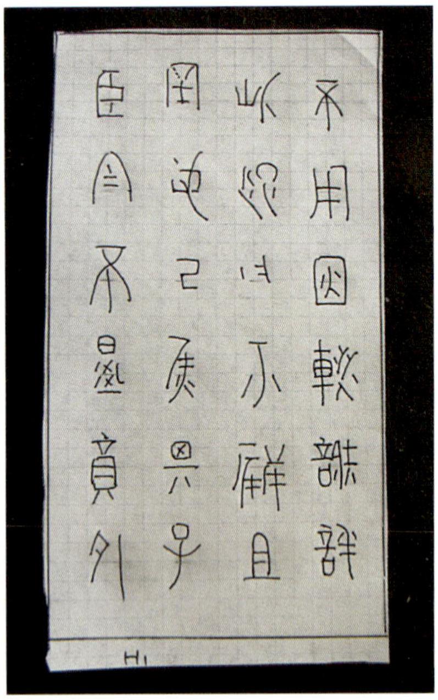

129b

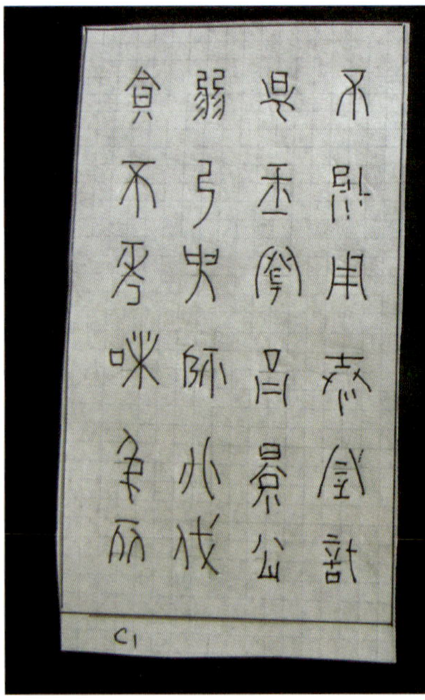

129c

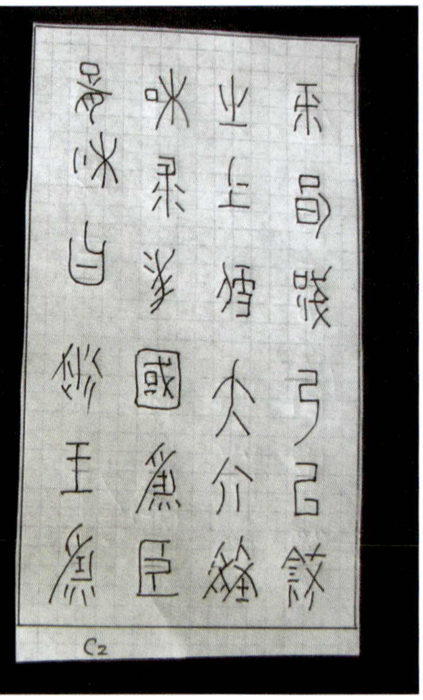

129d

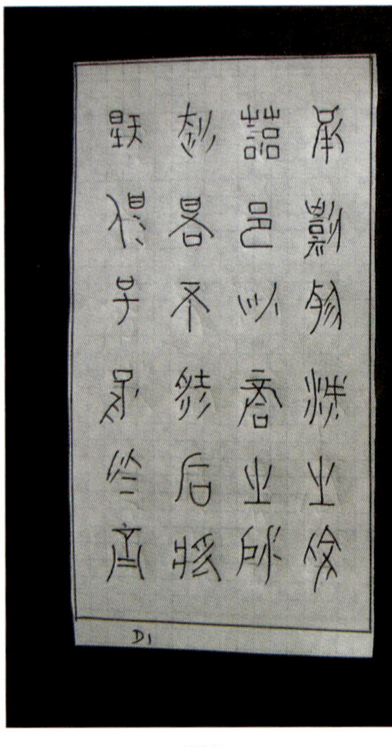

129e

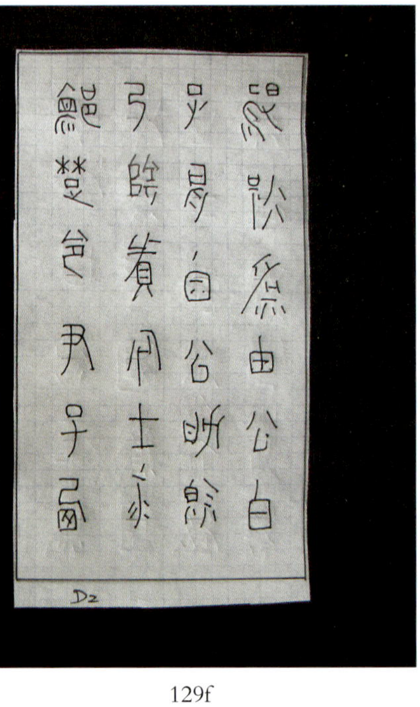

129f

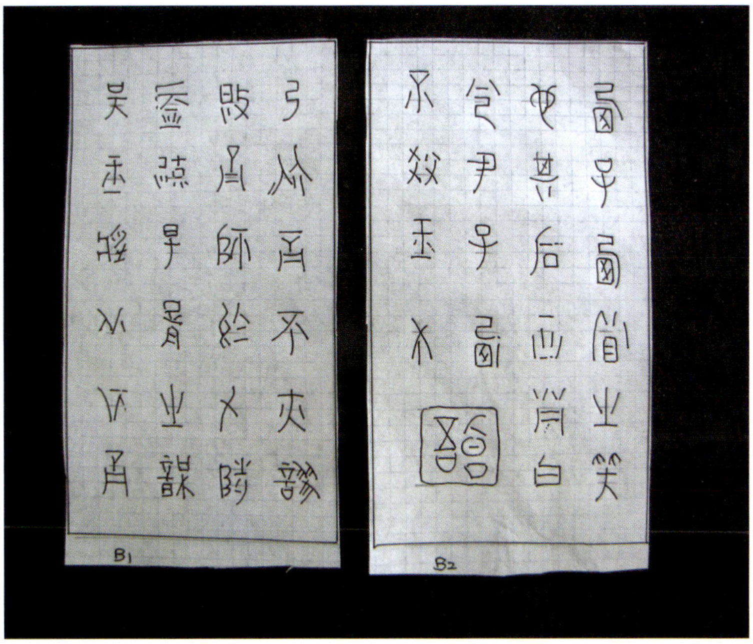

129g　　129h

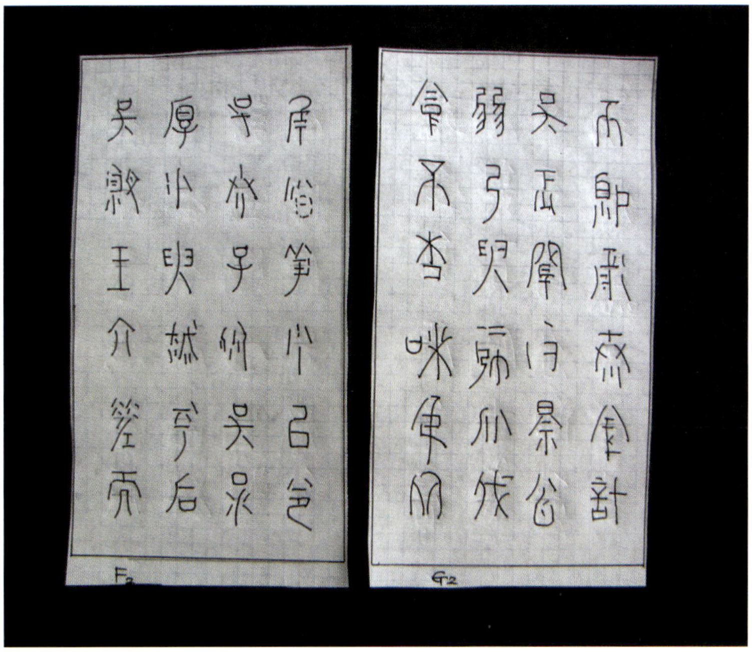

129i　　129j

130（S^{C}_{682}）四灵大玉印之一，青龙纽（战国—西汉）

边长 11.2cm、高 6.6cm、纽高 13cm

四神原从天象而来，左为青龙、右为白虎、前为朱雀、后为玄武，为道教的神，共四件。方方正正四方玉印，虽有小破损，但已修好。上为蟠身青龙纽，龙四肢落地，卷尾。首有鬃毛，微张嘴，蟠龙身上有中脊，足有爪，大腿上有花纹。玉质不清，有灰褐色沁，部分为灰皮，有风化白斑。应属道教法印，印特大，相当于清皇帝之玺，字多损坏（可能是入土前有意打掉）。印面原字为“周公名作”篆字，阳文。制作较规正。少有的大玉印，有重要价值。

131（S^{C}_{683}）四灵大玉印之一，白虎纽（战国—西汉）

与S^{C}_{682}基本相同，较高，为 15cm。白虎立姿，首正视，露牙微张嘴，旋卷尾。四肢有力，四爪，腿上有花纹。其他同上。

132a（S^{C}_{684}）四灵大玉印之一，青龙纽（战国—西汉）

132b（S^{C}_{684}印面）“周公名作”

与S^{C}_{685}基本相同，朱雀蜷身趴地。光头弯曲喙，见双翼及长尾，下有双足。雕工较好，完整，印有残缺，但已修好。灰白色玉材，坚硬，有灰—白纹理，应属原玉石中的结构。受沁不深，但有白化，部分玉质较松软。玉色与另三件不同。132b（S^{C}_{684}）为印面照片。

133（S^{C}_{685}）四灵大玉印之一，玄武纽（战国—西汉）

与S^{C}_{684}基本相同。示龟身蛇首，龟蛇合一。龟身趴在地上，见下四肢及小尾巴，上有一大龟甲。上见多方形纹，颈断接上一个断的蛇颈及蛇头。蛇头有双小耳、对目、鼻孔及张嘴露牙吐舌。颈子上有腹面横向格纹。玄武以龟身蛇首形极为少见。基本完好，但龟甲及蛇首一边均有残破已修好。方印保存较好。印面字为“周公名作”，含意不明，为道教法印。褐灰色沁，有白斑。

134a

134b 印面

134（S^{C}_{433}）青玉螭虎纽大方玉印（战国）

长 9.5cm、宽 2cm、高 6.5cm，重 1.1kg　129b 表示印面，下同

印体正方，厚 3.3cm，印背隆起一个小丘，上琢刻一半圆雕的螭虎。螭头居小丘之顶，螭身蟠在小丘边。有明显的背脊及四肢，并见肢头毛及向上的爪子，长尾、弯曲，并有“流云”填空。印面为手工砣具琢刻的篆字朱文四字（可能为“名分、同吉”）。有粗边框，字可见用砣痕迹，地不平，并有微伤。

青玉，坚硬，有层纹状，受褐色沁，还有开窗。在四棱及螭五官突出部分均有白斑。表面光亮，形象大气。应属吉祥性质的大印。

135 印面

135（S^{C}_{735}）六连玉印（西汉）

总长 20cm、印面 2.5cm 至 2.7cm 见方、高 1.6cm、通高 3cm

印面四方，项面边有小斜坡，作坛纽及鼻纽。玉链为圆角长方形，共十一个。印面田字格，有边框，阳文，字划很深。用缪篆体，方起方收，平正方直，近隶书，较为粗壮有力。六个印面为姓名私印，最后一字均为“印”字。第一个印可读为“留（刘）昌上印”，其他在解读中。依字印特征，应属西汉可能。六边玉印为一块玉料制成，玉质不明，褐色沁重，有风化白斑。基本完整，有重要收藏价值。

136a

136b

136ab（S^{C}_{274}）瓦纽玉印“蔡昭侯印”（春秋）

长 2.8cm、宽 2cm、高 3.8cm

方印面厚，瓦形纽，做工规正，表面平滑。硬质玉，多黄褐沁及风化白斑。印面有框，内篆字“蔡昭侯印”（蔡字为古体，受残），表示为蔡国侯所有，但为正面字（应为负面字），可能为冥印。解放后发现蔡昭侯墓在寿县西门外。有重要研究价值。

137a

137b

137ab（S^{C}_{560}）蟠螭纽圆玉印（战国）

高 4.6cm、径 4.1cm

圆形玉印，纽上一蟠螭，有足。雕工精湛。印面有圆框，上阳文四篆字，应属吉语印。坚硬玉，土黄色沁。印面略微残破。是一件精品玉印。

138a

138b

138ab（S^{C}_{653}）辟邪纽长方玉印（战国）

通高 5.7cm、印面高 2.2cm、长 3.82cm、宽 2.6cm

辟邪兽，端正有曲冠，长须龇牙吐舌，四足趴地，卷尾分叉。长方印面，有框阴文篆字两字。应属吉祥玉印，挂身边用。淡青玉，有少量褐沁斑及风化白斑，是精品印之一。

139a

139b

139ab（S^{C}_{342}）圭形纽玉印（战国）

长 2.1cm、宽 2cm、厚 1.8cm、通高 4.8cm

近立方印面，圭形纽，圭中间有一竖形槽，下部缩进。做工端正，保存完好。印面有框，字深琢清晰。篆字。青白玉，有浅褐黄沁，并有白斑。

140a

140b

140ab（S^{C}_{332}）白玉残兽纽印（战国）

残高 3cm、印面方边长 3.15cm

纽示一兽，见短尾，后肢，前肢，头颈以上残断。方形印面，边见交错纹。白玉，微受黄色沁及白化。印面有边框。

141

142

141（S^{C}_{352}）立兽纽无字玉印（战国）

高 8.6cm、印面长 3.4cm、印面宽 2cm

印面扁正方形，无字。上立一大型怪兽，立在印面上，盘尾、龇牙、有耳无角。身上略显鬃毛，头前伸，前肢似手前移置胸两侧，棕灰色沁重，局部有白斑。

142（S^{C}_{327}）兽形纽圆形无字印（战国）

通高 5.8cm、圆印章径 3.1cm、高 1.7cm

怪兽龇牙咧嘴，双目突出，有双耳双长弯角。身简化缩小，可见前后肢及短尾。扁圆柱状印面，有一裂口。

143a

143b

143ab（S^{C}_{779}）“太子之印”铭螭龙纽大圆玉印（战国？）

通高 12cm、印圆径 11cm 、印高 5cm

圆形印体，上平顶，印边成斜坡。上设一镂雕一透雕盘曲身的螭龙，曲身见四足及蟠曲的尾，设计精巧高雅，精工细琢。圆印体外琢八小深笔的篆字，待解。印面有圆边框，框内有突出的阳文书写体的篆书，自左至右“太子之印”四字，极具艺术性，有神韵。青玉质，较软，多褐红色沁。表面光亮，突出点上有风化白斑。应是一件有重要价值的文物。

144（S^{C}_{444}）大型神兽消烟灯形拼合玉板（战国）

通高 35cm、宽 25cm、板厚 0.5cm

共十块各式小玉板拼合，拼合间缺乏凹凸结构。普遍有褐色沁及风化白斑，局部保持原青玉外表。表面有亚玻璃光。神兽头上有三个角及长耳，有卷云蝌蚪纹隐起，张口。颈部有三叶羽翼形毛。前肢卷云隐起纹。身背上有三叶羽翼浮雕。后肢也有隐起卷云蝌蚪纹。形属灯具，上部有半圆板，其上有瑞兽纹。中间灯筒上有兽面纹，下平台上有隐起卷云蝌蚪纹。弯曲烟管上琢凤鸟纹，直下大瑞兽尾部。总体上琢工精湛，浮雕高雅，为一个极难得的艺术珍品。

145（S^{C}_{417}）牛形消烟灯式拼合玉板（战国）

总体宽 18.2cm、高 22.5cm、厚 0.5cm

薄板式，平面雕，由十件玉板组合，用阴阳卯隼嵌合，分为牛首，两角臣字目，嘴及牙，有回形纹及 S 纹，前身，见前双脚，上有卷云纹；后身，见后双脚，上有螭龙纹，阳纹；中身，似有挂饰，有勾连卷云纹，下方有三小孔；尾巴，卷起；身背上的锅形物，其上有卷云纹及交错纹。灯形物，方形，有上交叉纹及细方格纹，上下有卷云纹，可能表示可转动的灯口。灯盖，有竖条纹及斜折纹；灯管 1，有云纹及细方格纹；灯管 2，云纹及横线纹。棕灰色沁玉，坚硬，可能为青白玉，有多处白斑，属收藏珍品。

146（S_{429}^{C}）车马人物形拼合玉板（战国，共十一小块）

长 27cm、宽 18cm、厚 0.45cm

人物有两个：前为车夫，手扶马鞍上物站立，身上示简单纹饰，大袖、衣领等，平头发后翘起；后为一坐车官员，只显上半身，头上有五官阴线，平发向后翘起。奔跑状回首马，见有力四肢、马鬃毛及牙。有颈饰，交错纹。马背有饰物，见一件分叉状物（不明？）。车有一八幅轮，有中轴，宽轮带。上有车架，多菱形装饰，示交叉纹、斜列纹等。车上有一伞，多云纹及菱形交叉纹。伞柄粗，有交叉纹等装饰。组合件共十一件，相互嵌合活动。单面工。青白玉，坚硬，有棕色沁。不均，边缘有白斑，多碎裂结构。造型简练、美观，不缺不残，是一件稀有的战国艺术品。

147　　148

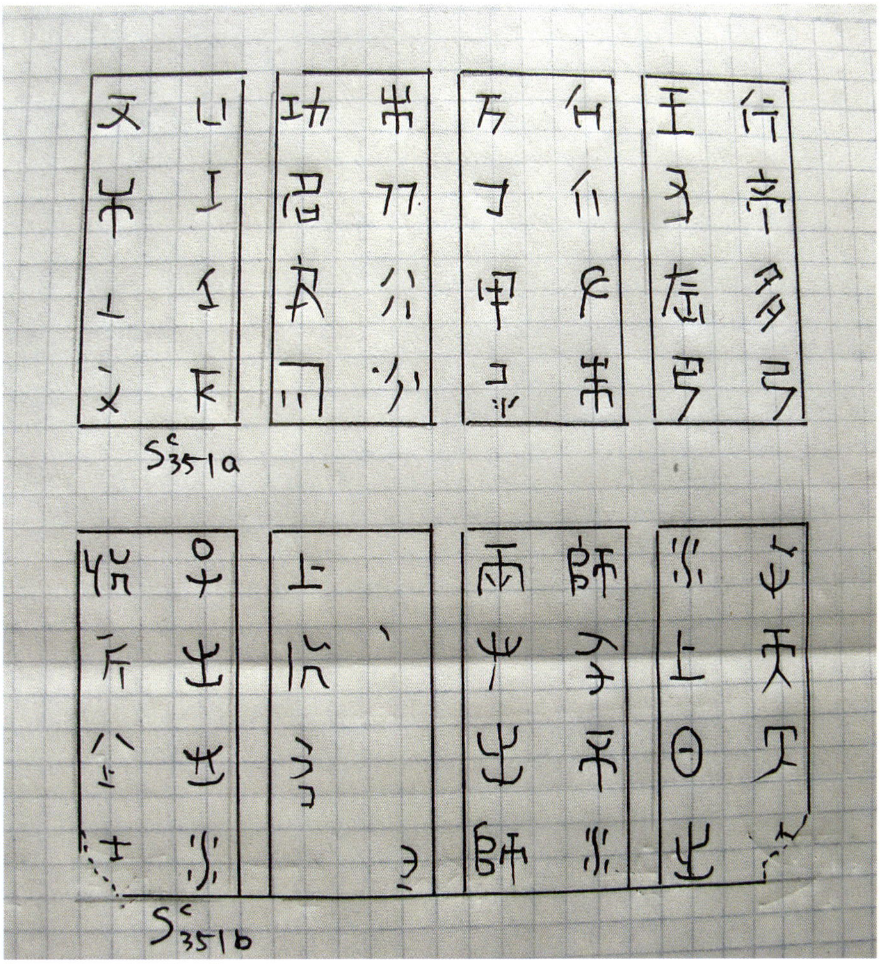

147　　148

147-148 文字摹本

147-148ab（$S^{C}_{351a、b}$）

刻铭玉刚卯，一对

（战国？）

长 2.6cm、宽 1.4cm

长方柱形，外表极似汉代“刚卯、严卯”，其上每面文字为两行八个字，共三十二个字。两印不相同，文字与汉刚卯全不相同，有可能不同于汉代，是在战国产生。褐棕色沁，局部有白斑。有重要价值。可能用于“占卜”，也有减笔字。147-148 为文字摹本。

四、人身装饰用玉类

这类指为了美化或礼节需要，外附在人身上的玉器，主要有片状玉佩、玉牌及玉串珠等。

149（S^{C}_{424}）青玉谷纹 S 形龙形玉佩（战国）

高 16.2cm、宽 10cm、厚 0.6cm

较大型，片状 S 形竖立龙佩。龙首有角，头后带饰，颈部有鬃毛，上腭上卷，威武。身上出芽谷纹，整齐排列，饱满。边缘竖起，向内斜坡。见前肢及腿毛，方尾。青玉，局部有褐色沁，沁重，有旧裂，下边有略微残破。

150（S^{C}_{410}）大型谷纹龙形夹小璧玉佩（战国）

长 16.5cm、宽 8.07cm、厚 0.4cm

片形，作大 S 形弯曲龙体。龙头有角，鼻翘起，臣字目，有前后肢（带毛）及鳍片。身腹夹一个小玉璧，尾卷起。身上为带芽谷纹，璧面饰阴线卷云纹。边线翘起。玉质坚硬，有赭 - 黑色沁及部分褐红沁，有白斑，曾断已修好。

151（S^{C}_{403}）三龙平雕佩（西周？）

高 11.7cm、宽 8.5cm、厚 0.65cm

片状雕饰。三龙，一龙为主体，卷曲双足蹲地，弓身，有前肢。背后下部又见一龙首，与主体龙共用龙身。有背上又驮一小龙，可见龙首及颈。龙首臣字目，向上卷腭，下腭下弯。身面上以双勾阴线为主。青玉，坚硬，赭灰色沁，并有白斑。

152（S^{C}_{561}）龙虎纹玉佩（西周？）

长 17.5cm、宽 7cm、厚 0.4cm

上部有一个龙首，下面一个虎形身。双线阴刻板状体。边缘为镂雕。赭黑色沁有白斑，坚硬。

153（S^{C}_{654}）弓形龙纹玉佩（战国）

长 8cm、宽 6.2cm、厚 0.45cm

弓字形弯曲龙身，龙头有角，闭嘴。曲身有鳍及尾分叉，身上游丝平雕，卷云纹及细交错纹。白玉（？），粉橘红色沁，有风化白斑及灰黑斑。形虽小但完整精致。

154（S^{C}_{265}）S 形玉龙佩（残件）（战国）

长 8.5cm、宽 4cm、厚 0.4cm

为 S 形龙纹佩的断件，身面为谷纹－卧蚕纹，属战国标准玉器，有黄灰色沁及白斑。

155（S^{C}_{427}）立式凤鸟形复合玉佩（战国）

高 7.6cm、宽 4.7cm、厚 0.45cm

半浮雕单面。上端为鸟身，下有牛头，另侧下有一螭龙首。黄褐色沁，坚硬质脆，有白斑伴生黑沁。

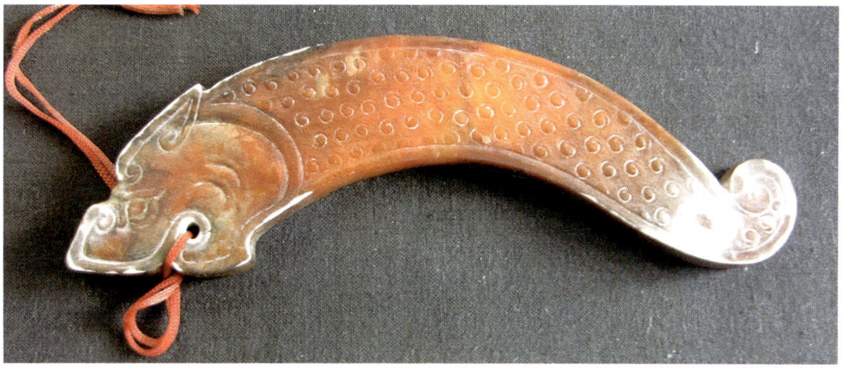

156（S^{C}_{727}）单龙头谷纹玉佩（战国）

长 15.5cm、厚 0.85cm

单龙头，曲身、卷毛。无龙足及鳍，身上谷纹。白玉质，坚硬，多棕色沁，有白斑及边缘黑色晕。

157（S^{C}_{310}）双龙首卷云纹玉佩（战国）

长 13.5cm、宽 4cm、厚 0.35cm

龙首反曲呈 S 形，尾端亦作另一龙首，形体遒劲飘逸。龙身满饰卷云纹，背部有一穿孔。身上多黑色沁及白斑。

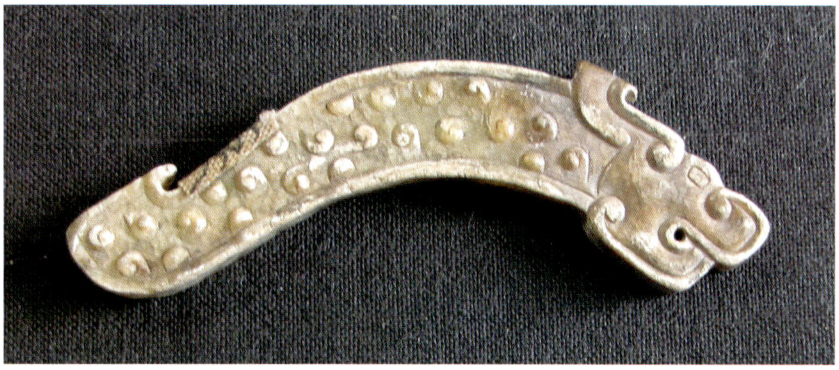

158（S^{C}_{365}）小型龙形佩（战国）

长 7cm

曲身，一头为龙头，另一头残断，身谷纹有边线。棕黄色沁。

159（S^{C}_{239}）双龙双凤镂雕玉佩（战国）

长 9cm、宽 4.7cm、厚 0.45cm

双面雕龙身及凤身突起，上有细划纹。双龙双凤对称相对及交替，做工极精细。青白玉质，受褐色沁。有风化白斑。

160（S^{C}_{499}）三螭镂雕玉佩（战国）

长 5.2cm、宽 5cm、厚 0.35cm

薄片形三螭形镂雕。下面是一个分身两侧的大螭，上面左右两侧是两个曲身的小螭，身上多纵向细纹。制作较为细致，完整。棕色沁，有白斑，透光，坚硬。

161（S^{C}_{419}）双龙“宜子孙”镂雕玉佩（战国—西汉）

宽 13.2cm、高 9cm、厚 0.5cm

佩中部竖列镂雕篆字“宜子孙”三字，两侧相背对称，两S形龙形，卷鼻、吐舌、有脚、鳍等。上半身低浮雕，身上有云纹，做工较粗。褐黄色沁，有白斑，曾残断已修好。

162（S^{C}_{726}） 双联瑗龙虎出廓厚玉佩（战国）

长 10.8cm、宽 8.8cm、厚 1.3cm、瑗径 6.5cm

板状双联瑗式，为绞丝纹及钩云纹浮雕。瑗两侧为出廓双龙镂雕，上方为出廓双翼虎，其首相背。玉质较软，褐色沁，有白斑，工艺精湛复杂。

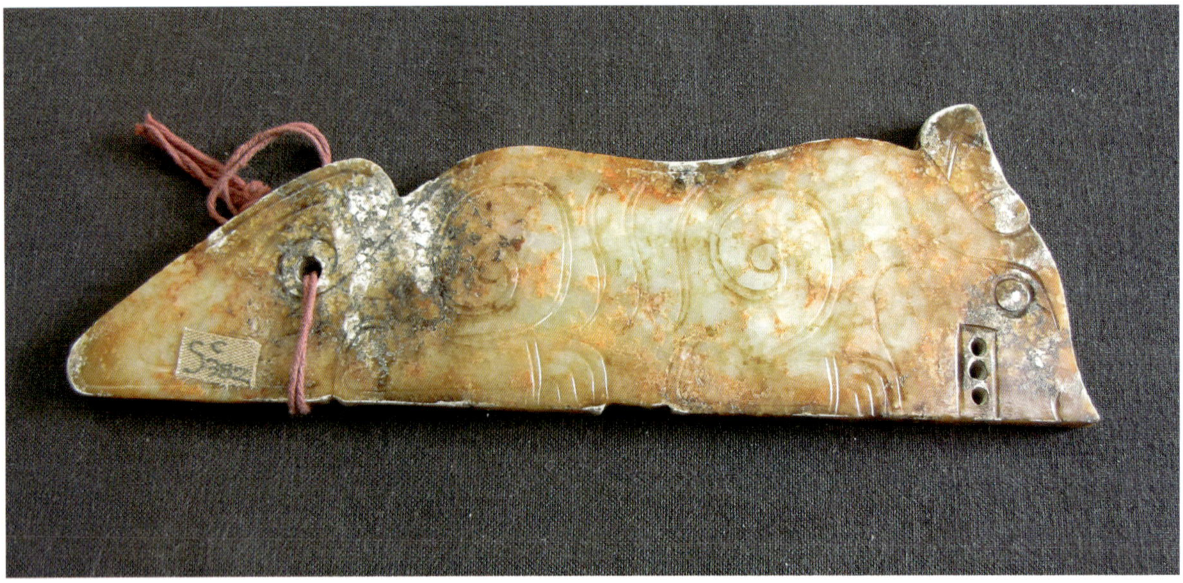

163（S^{C}_{382}）虎形玉佩（战国）

长 17.3cm、宽 5.4cm，厚 0.6cm

片状佩，卧虎状，四足趴地，有四爪。用双勾阴线划纹。可见高出的耳朵，三个孔表示虎嘴牙。圆目臣字眼。卷尾留一个小孔。白玉，坚硬，有不均的棕黄色沁，有风化白斑及伴生的黑色沁。

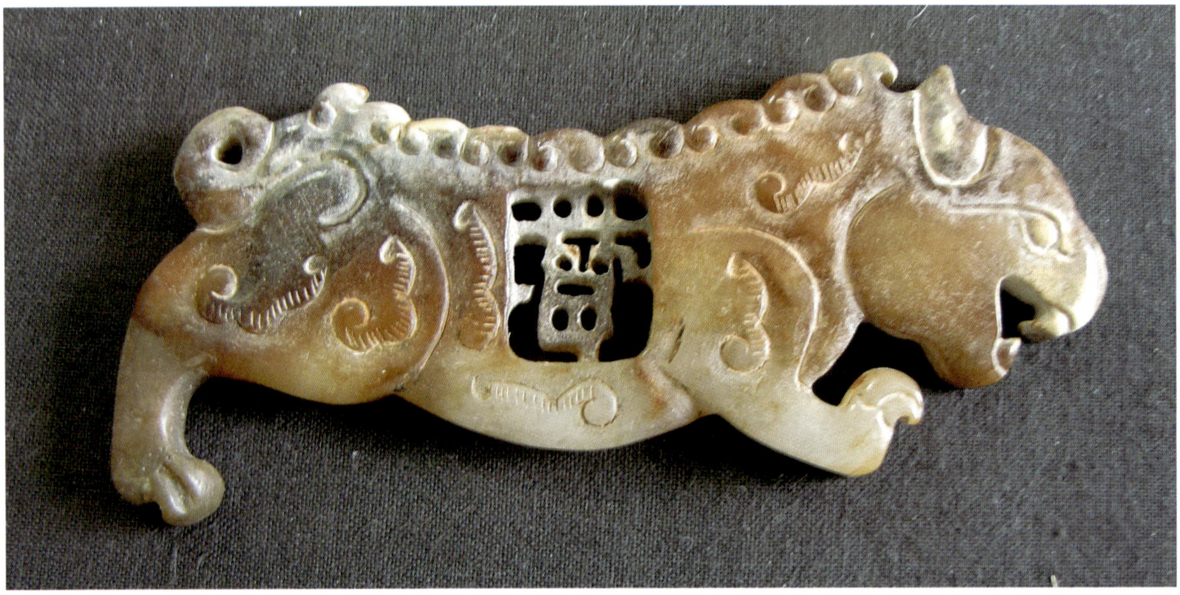

164（S^{C}_{348}）单面“开窗”虎形玉佩（战国）

长 11cm、宽 4.5cm、厚 0.6cm

单面浅浮雕，虎形有耳无角。背脊上有卷云纹，身上以云纹为主，加雕细阴纹，后尾卷起作吊孔。中间“开窗”，以镂雕显一花纹（汉字？）。后肢残缺。浅褐－黄色沁。局部有白－黑色斑。

165（S^{C}_{454}）小型虎形玉佩

（战国）

长 6cm、宽 3.4cm、厚 0.8cm

头上有角（？），臣字目，头低下，嘴上有穿孔。身上多阴线云纹。下有足，尾卷起。褐色沁，有白斑。

166（S^{C}_{465}）蹲地小虎形玉佩

（战国）

高 3.5cm、宽 3cm、厚 0.9cm

厚片状雕佩。虎头咧嘴。有穿孔，臣字眼，头上有大耳。前肢跪姿立地。后肢不见，卷尾。有阴刻纹。

167（S^{C}_{453}）瑞兽薄板平雕玉佩，一对（战国或更早）

长 9.1cm、宽 4.9cm、厚 0.4cm

直角竖横格局，平线雕，阴线琢变形兽纹。白玉质，坚硬，有赭-褐色沁，小量白斑。同西周器物。

168（S^{C}_{331}）镂雕螭虎形玉佩（战国）

扁形长 8cm、宽 4.7cm、厚 0.4cm

双面雕，镂雕之上阴刻细纹，以云纹为主。主题为一螭虎倚一器物之旁。有玻璃光。青玉多深褐色沁及少数白斑。

169（S^{C}_{249}）镂雕龙凤环形玉佩（战国）

环形板状。径 6.9cm、厚 0.6cm

环形龙身抱一中央凤形物，镂雕。以灰黑色沁为主。有多处白斑及黄色斑。有两小穿孔，表面微突起，略显浮雕上加细线阴刻。

170（S^{C}_{472}）环形双龙戏珠套环玉佩（战国）

径 7.3cm、厚 0.7cm

双龙首中间夹一珠，中有穿孔。双龙同环状身饰绞丝纹，内套一窄素环，有四处与小环相连。佩下方还有一穿孔。做工精良，棕黄色沁，有白斑及伴生灰色沁。

171（S^{C}_{446}）浮雕镂雕龙凤玉佩（战国）

外径 7.1cm 至 7.6cm、内径 2.4cm、厚 0.4cm

蟠身龙，谷纹身，马尾状尾，颈上有一圈斜纹饰。头尾空间饰以一小凤鸟及小饰物。造型及琢工极为精湛，是少有的精品玉佩。

172（S^{C}_{589}）蟠龙形小玉佩（战国—西汉）

径 4.9cm 至 5.4cm、厚 0.6cm

浮雕蟠龙形佩，头部有一支分叉的角（三分），下颌有须连转动的尾部。全身卷曲有序，逐渐变小。浮雕，身上有细纹、中线纹及分段的图案。尾上有平行纹线。青白玉，受沁少，头部有棕红色沁及白化，纹沟有白化。雕琢艺术性极高，生动传神。相似的一件出自天长西汉墓群，差别之处为后者是非浮雕，基本无线纹饰。属精品。

173（S^{C}_{428}）白玉兽面纹镂雕圆玉佩（战国）

高 7.7cm、宽 6.9cm、厚 0.45cm

板体开口石榴形，兽面半浮雕加镂雕。牛角型兽面，圆目，平横伸弯曲牛角，卷云纹鼻及镂空嘴。额头有一竖桃状物，头上一对大而卷曲的发冠，并伴生许多云纹。实是一枚代表“神徽”式的佩饰。做工精细美观。白玉，坚硬，浅黄沁有典型的白斑伴生黑沁。属精品。

174（S^{C}_{471}）鹰形镂雕圆玉佩（战国）

径 7cm、厚 0.75cm

在环形带之内，主体为一正面鹰形物，头上有尖双耳，眼鼻嘴。左右张开双翅，双尾也张开并卷起。鹰腹部饰兽面纹及一小圆璧。表面浅浮雕，在外环之间饰以云纹。鹰体上为黄色沁，外及环上多灰黄色，略有白斑。属精品。

175（S^{C}_{509}）白玉龙凤兽面纹镂雕圆玉佩（战国）

外径 7cm、厚 0.6cm

佩上方中央一个兽面纹浮雕，佩总体为两条龙凤同体交体成形，其上有浮雕及加细阴线纹饰。工艺精湛细致，属一件难得的玉佩精品。白玉质，坚硬，属和田玉，有不同程度的黄色土沁，突出部位有灰色沁与白斑。属精品。

176（S^{C}_{460}）白玉龙凤交体镂雕浮雕圆玉佩（战国）

径 6.9cm、厚 0.65cm

龙凤曲身交体，身边派生许多装饰物。龙凤嘴衔一枝花，尾上有纵细纹。白玉质，有不均橘黄色沁，边缘有白斑及伴生灰黑沁。设计美观，做工精湛，应属高级精品。

177（S^{C}_{470}）双龙双凤镂雕圆玉佩（战国）

径 6.3cm、厚 0.6cm

双卷曲同身龙凤，首居两侧，伴生卷曲饰及见前肢。镂雕与浮雕结合，做工极精湛，浮雕上还有细阴纹。中央设一盾形物，上有一穿孔及兽面纹。全部黄色沁，鸡油黄色，局部有白斑及带灰色，应属精品。

178（S^{C}_{361}）白玉圆形蟠身虎形圆雕玉佩（战国）

径 5.3cm、厚 1.6cm

蟠身圆形，似璧。头上有双耳，上鬃毛及两侧的长毛。眼上有火焰纹。嘴作撕咬状，曲身，前肢捧一球状物，后肢着地。身上多处毛卷起，并饰以花纹。透明白玉，坚硬，橘红色沁，分布不均。有白斑及黑沁。造型美观精细，似圆雕、镂雕的璧。属精品。

179（S^{C}_{369}）圆形双虎形圆雕玉佩（战国）

圆外径 5.2cm、厚 1.7cm

扁圆盘形，下设一只曲身虎，见四腿、尾，有长须。上伏一只小虎，嘴、四足、尾与下相接。半透明玉，黄红色沁，局部突出部位有黑沁及白斑。造型美观，雕工精细。属精品。

180（S^{C}_{376}）白玉圆形鸟圆雕玉佩（战国）

高 5.1cm、宽 4.9cm、厚 1cm

在圆的范围内，设一个揹瓶的凤鸟。凤鸟头上有冠，曲喙，长颈。背上有双翅张开，中设一曲形瓶，中空。凤双足立地。长尾卷曲置足下。背后还有一只小凤鸟及嘴上衔另一只小凤鸟。白玉有棕黄色沁。局部有黑沁及白斑，属精品。

181（S^{C}_{329}）白玉圆形“双鼠护鼎”圆雕玉佩（战国）

外圆形。径 5.3cm、厚 1.7cm

略扁圆形，镂雕加圆雕。中央立一个鼎，外翻口沿，上有双小耳。口沿外饰回形纹，颈子上饰卷云纹。鼎腹外为兽面纹。下有三兽足，见爪子。两侧为一对向外的鼠形雕。蹲腿，双手置腹前，似捧一柱状物到嘴下。头见长吻及双眼，一对长耳，后面见拖下又卷起的长发，构思极妙，富艺术性，精美绝伦，是一件难得的珍品。透明白玉，多橘红色沁，局部为白黑色斑。坚硬。

182（S^{C}_{418}）白玉瓶型玉佩（战国）

高 10.7cm、宽 6.2cm、厚 0.6cm

厚板状雕，中间略上鼓，瓶形，圆腹。下收有足，边外突，缩颈，双边有花形耳饰，示有盖。口边外卷。白玉，坚硬，有灰黄沁，有云朵状大白斑，有玻璃光。做工精湛，造型美观，属精品。

183（S^{C}_{479}）龙饰瓶形薄片雕玉佩

（战国）

长 6.6cm、宽 3.6cm、厚 0.35cm

薄片型玉佩，示一束腰瓶，腰间一横带，饰阴线卷云纹。瓶一侧饰一简化浮雕龙形。褐色沁，有白斑。

184（S^{C}_{480}）双龙饰瓶形玉佩（战国）

长 4.45cm、宽 5.1cm、厚 0.35cm

双简化龙纹列在束腰瓶两侧，龙浅浮雕，瓶身有云纹。褐色沁，有白斑。瓶体上有系孔。

185（S^{C}_{712}）白玉红沁舞人形璧首长形佩

（战国）

通长 28.4cm、宽 6.3cm、厚 1cm 至 2cm、璧径 6.3cm

长条形单面浮雕件。主体舞立女，女子作舞姿：大脸，披发，示细纹，并两侧卷曲。五官端正，略胖。右衽袍服，紧袖，袖口作网格纹，上袖上有衣褶纹。袍下摆作钺形两侧卷起。袍上有游丝毛雕作花草纹，腰外及腿外勾云饰。右肢上举接一简化凤鸟。左肢转弯置腰上，下肢不显，下接一小形璧。璧正面为浮雕螭虎，正在游动，背面为璧形作卷云纹。立人背面设有一圆纽，示其可固定在衣带之上。白玉质略显青，有不均匀的棕红色沁，突出部多风化白斑及黑色晕。此为一件精美的珍品。应同下一件舞人佩（S^{C}_{626}）为一对，形制略有不同。

186a 正面

186b 背面

186（S^{C}_{626}）玉舞人形有铭圭首长形佩（战国）

长 29.8cm、宽 0.8cm、厚 0.5cm 至 0.7cm

长条板状，上中段为单面浮雕玉舞人。其右手上举长袖卷成一圈形，可作挂用。人身上有阴刻细纹。人脸端正清晰，头上有盖头饰，两侧垂发。身着右衽长袍。左袖卷曲状。袍下摆作钺形弯曲，上饰兽面纹，袍上有细阴线纹。下接一箭头式玉圭，有纹饰。主体正面及背面均有篆书文字，排列有序。黄白色玉，坚硬，受沁及有白斑。是一件祭祀用的艺术品。文字待研究。为珍品。

187a 正面

187b 背面

187ab（S^{C}_{608}）青玉人形柄匕首形长玉佩（战国）

全长 34cm、宽 6.5cm、厚约 2cm

人形柄，圆雕露大半身。人首大眼，张口龇牙，大三角耳，扁盘发饰，头后见分梳发。上饰大羽毛冠。上身不见衣着，双手置前腰间，见一竖立璜形物。背面见腰带。腰下两侧有一对卷云纹饰外突。人形下为一“剑格”，上面凹下，下有尖突，面为浮雕兽面纹。下接一匕首身，长条形有中背，尖头前锋，两侧饰以凤鸟纹及弯曲几何纹饰。青玉，坚硬，有褐色沁，上有淡棕色白化斑。基本完整，有微伤，为一件极少见的艺术装饰玉兵器形佩，做礼仪用。

188（S^{C}_{362}）兽面纹鸡心佩，一对

（战国—西汉）

长 7cm、宽 4.3cm

上尖下圆的盾形，中间鼓起有一可穿手指的洞，径 1.8cm；一侧有片状雕附着。佩上有兽面纹及云纹，多用细阴线。白玉棕黄色沁，略有白斑。

189（S^{C}_{413}） 双花边鸡心佩（韘形佩）

（战国—西汉）

长 5.2cm× 宽 6cm、中圆孔径 1.55cm

心形下圆上尖，两侧有雕龙边，下为兽面纹，别处有云纹等，棕黄色玉，有白斑。

190（S^{C}_{763}）两螭纹韘形佩

（战国—西汉）

长 11.3cm、宽 6.3cm、高 1.3cm

通体作一叶形略上拱起，中有一圆孔。圆孔周边有两个纽身穿云的螭龙，一大一小，半圆雕，螭尾作绞丝状。赭色沁重，边缘有明显的风化白斑。

191（S^{C}_{364}）小型司南佩（战国—西汉）

高 4cm、宽 2cm

双节形，腰中收，扁圆形，边有棱，上有一弯身虫状物，下有一小榫。棕黄色沁，有少数白斑。

192（S^{C}_{344}）扁“藕节”形玉佩（战国—西汉）

高 6.5cm、宽 4.2cm、厚 1.1cm

分两节，素面，中间有横槽，两端似有节。以灰黑色沁为主，有不均的白斑，表面光洁。一端边侧有系孔。中间束腰，两端有榫。

193（S^{C}_{366}）H 形玉佩（工字佩）（战国）

总体方形，长 3.7cm、宽 3.3cm

板状 H 式，边削平中间加厚。H 形中间横梁上有穿孔。用处不明。棕灰色沁，有白斑。

194（S^{C}_{550}）白玉凤虎纹长横形玉牌（战国）

板状。长 19.5cm、宽 6.5cm、厚 0.5cm

单面工横向板状体，以纵向双阳纹带分上下两部。上部中间为一兽面纹，上有冠饰及双耳，两侧边有对称的浮雕凤鸟纹。下部为一对相持的浮雕猛虎，有三羽叶翼，长卷尾。板两端有双虎头。嘴上衔一物，板下边有短凸榫，可能装在某面上。白玉，粉红色沁，边缘及两端多灰－白色风化斑。

195（S^{C}_{661}）扁圆形兽面纹玉牌（战国）

径 5.6cm、厚 1.7cm

扁圆形，规正。两面各琢兽面纹及卷云纹，兽面具菱形眼眶及小圆目。额头及鼻梁上有斜格纹。青白玉坚硬，有少量褐色沁斑及白斑，有竖通心孔，系绳用。作为身上的吉祥玉佩。

196（S^{C}_{412}）兽面纹椭圆形玉牌（战国）

长 7.6cm、宽 4.5cm、厚 0.45cm

椭圆，板状牌，中间略高。双面，下部为兽面纹，上部为卷云纹及其他，中间有一横道分开，道上多斜线纹。坚硬不裂，褐棕黄色沁，略露青白玉。工艺精细，便于把玩，上有一穿孔，略有白斑。

197（S^{C}_{426}）人脸开窗云纹玉牌（战国）

长 9.4cm、宽 7.6cm、厚 0.45cm

竖面略弯，可能作玉璜。一端有似鸟头弯曲，另一端有几何形物平边，开窗方形，中似文字（？），略残。单面，以云纹为主体（流云纹，卷云纹）。灰褐色沁，有白斑，性脆。

198a 正面

198b 反面

198ab（S^{C}_{462}）“羽人蹲坐持戟”玉牌（残、战国）

长 6.5cm、宽 4.7cm、厚 0.65cm

长方形倭角，残缺一角（约 1/5），浮雕。一面可见羽人持戟，戟头示月牙形。羽人头上有角，背上有上下双羽翼，双手持戟杆。羽人着开襟衫。牌上有一系孔。另一面为一怪兽，咧嘴，身体不清。

199a 正面

199b 反面

199ab（S^{C}_{730}）天禄浮雕“衣带”铭文方玉牌（战国）

长 6.5cm、宽 4.85cm、厚 0.7cm

倭角长方板体，边缘圆化减薄。一面为天禄神兽，兽边有云纹；另一面中间有边框，竖列篆字，有“衣带”两字。牌上部为一对相背向的夔龙纹，下面为兽面纹，刻工精细美雅。文字含义待考。有红棕色沁，有白斑及伴生黑晕，是一件玉牌精品。

200（S^{C}_{432}）龙首兽尾玉觿（战国）

长 9.5cm、宽 3.4cm、厚 0.8cm

板状浮雕，龙首有角、耳，张嘴露牙。身侧有附着物，弯曲纵纹尾。身上有卷云纹及交错纹等。白玉，浅红黄色沁，分布不均，有白斑。

201（S^{C}_{261}）龙首玉觿（战国）

长 9.4cm

龙首，身体弯曲做狼牙形，头尖。身上是绞丝纹。上部有一小穿孔，可吊线。白玉受沁呈棕黄及灰黄，局部有白斑。身边缘略受损，已修好。是雕工精细的艺术品。

202（S^{C}_{333}）卷云纹玉觿（战国）

长 7.1cm

狼牙形，身上雕卷云纹，有一穿孔。青白玉，受白沁。

203（S^{C}_{384}）红沁卷云纹玉勒

（战国）

长 9.1cm、径 1.5cm

长圆柱状，满身有规则排列的勾连卷云纹，阴刻，两端有喇叭孔及细孔穿过，棕红色沁深，美观，两端有白斑及伴生黑沁。品相较好。

204（S^{C}_{248}）圆柱状雕花玉勒

（战国）

长 7.72cm、径 1.6cm

圆柱体，中有穿孔。两端有数道弦纹。身上刻凤纹等纹饰。图案美观。白玉，受黄褐色沁及有白斑。

205（S^{C}_{248}）鸟纹圆柱形玉勒

（战国）

长 8cm、径 1.1cm，中有穿孔。

腹外两侧均为凤鸟纹，表示的是女性用。受褐色及黑色沁重，有白斑。

206（S^{C}_{378}）长束腰形玉勒

（战国）

高 8cm、径 3cm

中有穿孔，表面为勾连谷纹，中间有一腰带。红棕色沁深，有黑 - 白斑。一端略微残破，束腰，两头大。

207　　　　　　208

207（S^{C}_{343}）卷云纹异形扁玉勒（战国）

高 5.3cm、宽 3cm、厚 1.4cm

一端扁略小，有弦纹。两侧有牙状突出，有穿孔。身上为兽面纹及卷云纹。全身中轴有穿孔。褐黄色沁重，边缘有白斑。

208（S^{C}_{302}）扁形玉勒（战国）

高 4.2cm、宽 1.8cm、厚 0.8cm

受黄－褐色沁，局部有白斑。中有穿孔，边有五个小牙槽。

209（S^{C}_{346}）圆管状素长串珠，共六十六颗（战国）

每颗圆管长 1.6cm 至 2.6cm，径 0.6cm 至 0.8cm

圆管素面，做工规正，大小略有不同。表面光亮，中有穿孔，个别有残。青白玉（？），原生表面有石花纹，多暗褐色沁（后人加白珠穿成，总长是 132cm）。

210（S^{C}_{253}）素面管状玉串珠，共二十二颗（战国）

倭角圆柱状管珠，长 1.8cm、径 0.8cm

中有穿孔，棕黄—棕黄色沁斑为主，光亮，做工精细，规正。

211（S^{C}_{396}）尊形素面串珠，共八颗（战国）

每颗高 2.6cm、径 1.1cm

尊形，腹部有带状鼓起，两端作圆锥状内收。中有穿孔，素面，抛光。青白玉，坚硬，有不均带状分布的褐色沁，局部有白斑。

212（S^{C}_{345}）龟背形玉串珠，共六颗

（西周）

每颗长 2.3cm、宽 1.5cm

小龟形，无头足，龟背上有六角纹，腹部平，有似楚鬼脸钱的怪纹。中间有扁形槽，有一穿孔。青玉，灰黄色沁，局部有白斑。

213（S^{C}_{251}）兽面纹圆柱状管玉串珠，共八颗（战国）

径 1.32cm

圆柱状管，管柱面上阴刻兽面纹，双面。白玉受灰黄及白斑沁。管中有穿孔，开口处为喇叭口。

214（S^{C}_{252}）人面纹圆柱状管玉串珠，共八颗（战国）

每颗长 2.55cm、径 1.05cm

圆柱状管，柱面上一半刻人面纹，另一半刻卷云纹等。白玉，受灰黄沁及有白斑。雕工精美。

215（S^{C}_{395}）橄榄形卷云纹串珠，共八颗（战国）

各颗长 2.9，径 1.6cm 至 1.7cm

橄榄形，两端有边，满身卷云纹，中有孔穿。白玉，有不均的棕红沁及有少量白斑。

216（S^{C}_{375}）白玉 S 形圆雕龙凤首卷云纹玉坠（战国）

高 8.1cm、宽 4.5cm、厚 2cm

S 形身、龙首凤尾。龙首上有竖毛及双角，还有立体雕的五官及腮毛。凤首上有弯喙及长冠。总观身上为卷云纹，有四足及背脊饰（四节）。总体圆雕但在一个平面上，雕工精细，白玉（青白玉？），棕红色沁，突出部有黑沁及白斑。是战国晚期的创作佳品，为难得的精品，原有一对，他人收去一件。

五、佩戴玉用具类

这类指工艺化的人身上的玉质用品，如在头发上、手上、腰上的用具。

217a 正面

217b 背面

217ab（S^{C}_{696}）白玉双凤立屏兽面纹玉发冠（战国）

通高 17.2cm、宽 8.4cm、帽体 8.1cm × 6cm、高 6.6cm

发冠下为一帽状体，上圆中空，后接一竖立平面的屏。帽体外为浮雕兽面纹，有菱形眼眶，小圆目，大弯曲眉，上有斜列阴纹。卷鼻，额头上有圆形饰，中斜方格纹。外边还有勾云几何纹。竖立屏镂雕双凤、面相背，首有长翎，身各有三叶翼，长尾卷曲。凤身上细阴刻鳞纹及细毛纹。屏又以长圆的方框相衬。工艺精湛，罕见器物。白玉，红沁，有灰－白化，似灰皮成片。是一件精品。

218（S^{C}_{738}）黑沁卷云纹玉发冠（东周）

外径 7.5cm、高 6.6cm、笄长 18cm

圆筒形，下边平整，上边为卷云花形，后半面圆弧状凸起。前部为镂雕及浮雕卷云纹，后面呈纵向长条纹，两侧有穿孔，穿笄用。玉笄断面圆细长，一端变细，另一端大头有一道粗凹弦纹。内壁光洁。受黑沁深，不见原玉质，坚硬，边缘有白斑。做工较好，是一件具有代表性的古代发冠。

219（S^{C}_{308}）兽面纹玉发冠（战国）

通高 7.5cm、下盒形宽 3.3cm

发冠饰下部为一方盒形，其正面阴刻兽面纹，下有卷云纹。其两侧有细穿孔，穿笄子用。上部有略向后弯的冠状饰，其上有七道突纵纹。玉质坚硬。暗褐赭色沁，并有白斑，应属少有的精品。另有细青玉笄一枚，长 10.2cm，径 0.6cm，有褐色沁。

220（S^{C}_{605}）白玉螭凤饰半月形玉梳（战国）

长 11cm、高 6.5cm、厚 0.5cm 至 1cm

半月形梳，粗齿，齿间缝细，齿片十七个，似非实用器。梳正面梳背左侧饰一高浮雕穿云螭虎，其扒在梳左背及梳齿左侧。并在梳左上有一小圆壁，径 2.5cm，圆壁背面有四个阴刻卷云纹。螭虎方首双小耳，四肢具爪，卷尾及附飘带。凤鸟在梳背右侧，有冠、飘带、双足、卷尾，形象美观。梳背面具有阴刻云纹、S 纹及勾云纹等。白玉，坚硬，有分布不均匀棕黄色沁斑，有玻璃光，边缘有白斑，尤以螭虎首及足上为甚。

221（S^{C}_{669}）残半月形镂雕艺术玉梳（战国）

长 15cm、宽 6.2cm、厚 0.4cm

半月外形，双条式背边，一侧卷曲，带一个镂雕虎形小圆饰。梳背上有阴刻的回形纹及缠枝卷草纹，并附有镂空雕饰。透明白玉（？），受棕黄色沁，有少量白斑，断齿上也有白斑，在入土前已断。

222（S^{C}_{451}）橘红色兽面纹白玉指环（韘）（战国）

内径 2.35cm、外径 3.4cm 至 4.2cm、高 2.7cm

宽带环式，内径平，外侧为一个戒面，浮雕兽面纹（隐起阳纹），宽 2.4cm。另侧高浮雕两螭虎纹，尾绞丝纹，头上有分叉发饰。橘红色状为主，有白斑，白斑边缘沁色加深。表面有亚玻璃光。这个指环，可能属韘。

223（S^{C}_{6073}）兽面纹双孔玉韘（玉扳指）（战国）

高 3.2cm、外径 3.4cm、内径 2.3cm

正面为一个菱角眼兽面纹，嘴长有两系孔。圆唇，兽云纹外侧为云雷纹及卷云纹，高浮雕。青白玉，坚硬，橘红色沁，边有白化斑。战国时韘已作为佩饰，双孔可以挂用。本韘品相优等，可套大拇指。

224（S^{C}_{437}）兽面纹玦形玉手镯（战国）

外径 6.5cm、玦口宽 0.4cm 至 0.6cm、玦宽 2.2cm、厚 0.55cm

玦形手镯扁带式，两端及中央均浮雕兽面纹，并多阳突卷云纹。玦口两端还有竖穿小孔，可能为挂悬用。琢工精湛，白玉质，受灰棕色沁及有白斑，分布自然。

225（S^{C}_{708}）龙纹浮雕玉手镯（战国）

外径 8.3cm、内径 6.1cm、宽 1.8cm

内平外圆手镯。近内侧有一道圈，圈外浮雕龙纹饰，以穿云螭龙及卷曲夔龙为主体。琢工精湛。青玉有天窗，赭褐色沁重。有风化白斑，较坚硬。属首饰中的精品。

226（S^{C}_{767}）卷云兽面纹玉手镯（东周）

外径 7.8cm、内径 5.9cm、高 2cm

圆形手镯，外凸内平。外壁有浮雕四组，以兽面纹为中心，边伴以卷云纹。兽面纹眼上有平外伸的双角，额头上还有小菱形网格纹。做工精细美雅。淡青玉，坚硬，受不均一褐色沁，边缘有风化白斑。

227（S^{C}_{585}）螭龙蟠身形玉缠钏（战国）

外径 6.8cm、通高 5.5cm、厚 0.8cm

在缠钏外壁见一螭龙首形，方脸，其后有两花形耳。首后分两龙身，旋转蟠身，尾部略上翘，近尾有旋形鳍足。螭龙身略作圆化，上有细阴刻纹、中脊直线及圆点纹等。青玉（？）重褐赭色沁，白化斑作褐白色。属少见器物。

228（S^{C}_{584}）浮雕螭龙纹玉箍形器（战国）

外径 10.2cm、内径 8cm、高 2.05cm、厚 1.1cm

圆圈形，外壁有两带高浮雕螭龙纹。螭龙方耳尖下巴，头朝下。身有中脊，四肢，卷尾。尾上有见树形（？）物挡阻。呈鸡骨白，不透光，略有光泽。多断纹及横纹，表面多褐沁。有可能属臂镯。

229（S^{C}_{583}）卷云纹玉箍形器（商代—西周？）

外径 11cm、孔径 9.5cm、高 2.95cm、厚 0.85cm

圆筒形，内素外壁阴琢卷云纹，其纹饰明显手工砣具所为。透明青白玉，坚硬，受沁少，上下边缘受褐色沁及白斑，阴线中有“线沟风化”作白色，似臂镯，也作发箍用。

230（S^{C}_{240}）龙头刻纹玉带钩（战国）

长 11.4cm、宽 2.2cm、高 1.8cm

鸭嘴形龙头，突双眼。螳螂肚形，身正面阳刻变形回形纹共四个。青白玉，受褐色土沁及具风化白斑。做功精湛，表面光滑有玻璃光。属精品。

231（S^{C}_{330}）兽首卷云纹玉带钩（战国）

长 8 cm、宽 4.7cm、高 0.4 cm

螳螂肚形，较宽。上刻许多卷云纹，阳纹。背面圆形纽。具玻璃光。兽首见突双眼及一对长耳。做工精湛，抛光好。青白玉，坚硬。棕褐土沁，有白斑。应属精品。

232（S^{C}_{537}）琵琶形兽面纹钩首螭纹玉带钩（战国）

长 8.5cm、琵琶体径 6cm、厚 2.8cm

兽面纹钩首，兽面上方有一箭头饰纹。琵琶体除宽边带外，中央为一螭龙纹游动及伴生云纹，浮雕。背面一圆柱形纽。白玉质，坚硬，有棕黄色沁及局部红沁。有白斑，略有玻璃光。属精品。

233（S^{C}_{484}）龙凤纹宽体异形玉带钩（战国）

长 8.6cm、宽 6.7cm、厚 3cm

玉兽面钩体，全器为龙凤叠加纹饰。一侧伸出一个龙首，另一侧示一弯曲凤鸟首，鸟身上为勾连卷云纹，还迭加小纹饰。背面为系带圆头。棕色沁，上有局部白斑。基本完整。属艺术品。

234a 正面

234 侧面

234（S^{C}_{723}）兽首捧圭神人玉带钩（春秋—战国）

长 17.3cm、宽 2.7cm、厚 3cm

大型兽首神人捧圭玉带钩。兽首双长耳，头顶上有一长鬃毛（角？）。突吻，双圆眼，鼓腮。上身神人形，着袍双长袖，有花纹。双手置胸前，捧一上尖下方的圭板，板上有纹饰。下身似长袍，上有纹饰。中间有一网格纹菱形，还有钩云纹。下部一对云纹上有平行细纹。背面为方纽。玉质不明（白玉），有褐棕色沁及白化斑。原有一对。应属精品。

235（S^{C}_{588}）螭纹玉带扣，一副（战国）

长 7.3cm、宽 5.5cm、通高 2.5cm

大型带扣，高浮雕（半圆雕）螭龙纹。两个板上均有螭龙半圆雕，蜷身弯体卧地，形象生动。钩体上有兽面纹，具方形体，角圆化。青玉质，坚硬，有分布不均的红褐—赭色沁，微有白斑。有残损已修好。是少有的精品。

236a

236 b 带板细部

236c 带扣细部

236abc（S^{C}_{459-1}～S^{C}_{459-12}）白玉龙凤纹浮雕玉带，一套，共十二枚（战国）

带扣一副，子母扣左右两枚。总长 14.5cm、宽 4cm，无铊尾板。銙板 10 枚，长 6cm、宽 4cm，厚 0.35cm 至 0.5cm，b 表示带板细部，c 表示带扣细部。

带扣完整，阳扣上有兽面纹。连銙板共有四个不同的龙凤纹饰（A、B、C、D）。每块上四角有四个小孔，系带用。满工，琢雕精细高雅，浮雕上又加细阴线装饰。和田白玉，受不同程的红褐及黄棕色沁，边缘有白斑。属古代出土无疑。以往玉带板资料最早为南朝，出土一件，唐代才广泛使用。这套玉带板的发现，把时间提前了 800 年，并饰有龙凤纹，应为皇室所用，价值高。

237a

237b 带板细部

237ab（S^{C}_{582}）镂雕“天上人间”纹玉带，一套，共十二枚（战国）

銙板十枚，长 6.45cm、宽 4.5cm、厚 0.8cm 至 1cm；带扣一对、长 8.5cm 至 9.5cm，b 表示带板细部。

角略圆化的长方形玉板，四角均有细孔，钉线用。一面镂雕加浮雕，有边框。带扣除同样长方玉板外，加一套对扣装置。纹饰共有七种，各件多少有不同。共同特征为一人物及凤鸟，附加飘带及云彩。人物为女性，瓜子脸，头上有发箍（？）及其上双股发饰，见发丝纹。手臂上有环状饰。有腰带，长裤，可见裤上外有花纹，露足，见四趾。有不同姿势，或直立，或倒下，或坐或卧等，均在天上、人间、云间飞舞。伴随有凤鸟，见弯钩喙及鸟身羽带等。

带扣钩体上有兽面纹。镂雕加浮雕外，上还有细阴纹，琢刻衣上纹饰，头发等。青白玉为主，坚硬，多处开窗。有不均匀的褐色沁斑。有风化白斑。保存完好。应是一套极为完美的战国玉带板。应为珍品。

238a

238b 带板细部

238ab（S^{C}_{590}）螭龙穿云纹异形玉带，一套，共十三枚（战国）

带扣板，a 型长方带钩及扣，长 9.2cm、宽 4.7cm。除带扣板一对外，还有四种带板，相介使用。b 型切角方形板，长 4.6cm、宽 4.7cm、厚 0.55cm，六件，均具穿孔的母榫。应属长銙。c 型切角长方形板，长 7.35cm、宽 4.6cm，两件。具穿孔的子榫，应属长方銙。d 型上平下圆板长 5.6cm、宽 4.7cm，两件。具穿孔的子榫，应属铊尾。e 型长异形板，长 10.8cm、宽 5.5cm，一件，置背后中央，上头花形，两侧有子榫，下头有花箭形物，应属于玉带上的装饰用板。

本玉带为阴线平雕，略成浅浮雕形。为螭纹穿云纹饰。青白玉，坚硬，略微残，已修好。棕黄色沁，有白化斑。为螭纹穿云纹饰。238b 为带板的细部照片。各板间以具穿孔的子母榫相连，用线穿结，本玉带形式以往文献中未见记载。

239（S^{C}_{435}）长方形猪纹及马纹玉带板，共两枚（战国）

长 6.7cm、宽 4.6cm、厚 0.6cm

倭角长方形板，单面，四角有小孔。正面阴线刻一胖猪及马形。四角琢有勾云纹，有边框。

240（S^{C}_{250}）螭虎纹玉带板，一枚（战国）

长方形牌，长 5.6cm、宽 3.8cm

牌后四角有穿孔，表示可连接。正面浮雕一螭龙有头尾及四足、长尾，形象生动。受沁黄褐色，有白斑，表面不光亮，背面素平。边缘略微残破，已修好。

六、陈设用玉类——玉人及动物

陈设用玉类多为小型圆雕立体件，有玉人、人兽合体、写实动物、神化动物等，实属玩具、陈设品或也可用作挂在身上的玉坠等。

241 a 侧面

241 b 正面

241ab（S^{C}_{246}）白玉跪姿着袍玉人（战国）

高 8.2cm、宽 2.5cm

跪姿着右衽袍，罩双膝及腿。双手垂下置双膝上。头束发挽髻，髻突于后（略残）。面部见五官，身上用阴线刻。白玉受橘黄色土沁，头部及底边缘有灰及白色斑，夹黑色沁。总之，造姿优美，自然态，是少见的玉人珍品。

242（S^{C}_{260}）玉跪童子（战国）

高 7cm

跪姿，足简化。着右衽袍，袍身有回形纹。双臂置身前，手双握。发中分，上梳有一小髻。受黑色沁重，并带白斑。

243（S^{C}_{395}）戴发冠玉跪人（玉坠）（战国）

高 5.8cm、宽 1.5cm

头戴发冠，具数道竖凹纹并向后仰。头顶上还有饼状帽。头和面目清晰，身着右衽袍，双手置膝上，身后见腰带。冠上有穿孔。赭色沁，略有白斑。

244（S^{C}_{495}）白玉光头小玉跪人（战国）

高 5.3cm、长 3.2cm、宽 1.8cm

跪姿，双手扶膝。光头，长鼻杏眼、大嘴。除见背后腰带外，身上无衣，见双钩阴线勾云纹等。红褐色沁为主，似为白玉质，坚硬，局部有白化。颈背有牛鼻穿孔。

245（S^{C}_{485}）捧鼎玉跪人（战国）

高 8.5cm、长 6cm、宽 3.5cm

头略压扁，五官清晰，卷云纹双耳。头上戴似官帽，后方上翘，不见发。跪姿，身着厚大对襟袍，大袖口。双手捧双耳鼎形物。膝上又垫一六瓣巾。刻工虽较粗，但总体形象不错，可能表示一个下属官员。玉质坚硬，表面是黄白色斑及灰黑色沁，自然。

246（S^{C}_{469}）盔首盘腿玉人（战国）

高 7.5cm、宽 3.3cm

头上有盔帽，向两侧及后面拖下掩盖颈上，盔上饰菱形纹。头顶平有一正方形物，其上有 U 形孔，下有穿孔，不知用处。脸上臣字眼，卷云鼻、横闭嘴略下弯。突出的是两颊有两圆管状物突出，可能代表玉环饰。双手平握胸前，细腰。外饰盾形纹、云纹等。粗大下腿盘坐于地，上有云纹等纹饰。

247（S^{C}_{314}）青玉玉舞人（战国）

高 8.4cm、宽 4cm

高浮雕至半圆雕。头部五官清晰，发式分头向后垂下，有结带。身着花朵纹舞长袍着地。双袖长，一手举起在头边，一手在腰前，转身状。头上还有一分叉的头饰。青玉，有褐色沁及白斑，质坚硬。姿态文雅，婀娜多姿。是一件较好的玉件。

248（S^{C}_{533}）侧跪玉舞人（战国）

通高 8.3cm、宽 5.8cm、厚 1.9cm

板状圆雕，圆首，头上有两圆形发带饰。面目较粗，似作笑。着舞长袍，右衽系腰带，两臂有长的大喇叭袖口，后有褶纹，双脚侧跪着地。右臂向头后绕向右伸出袖口，左臂从左后伸出。袍上有卷云纹等。黄灰色沁，有白斑，淡青玉质，坚硬。内有结块结构。

249（S^{C}_{463}）趴地圆雕玉裸人（战国）

长 12.1cm、高 5.8cm、宽 3.1cm

大长圆脸，眼鼻嘴清晰，眼似闭一条线，“笑眯眯”，大卷云纹耳。头发上系一带，成一支粗发柱，向上变小，拖在背上。双手似爪前伸，双脚蹲地屈腿。身上无衣，琢刻阴线（双线为主），以云纹为主。人像似男性，趴地含意不明。比例似头特大、身胖，但端正。淡青玉，受褐色沁。局部有少数白斑。

250（S^{C}_{464}）直立男性玉人（战国）

高 8.1cm、宽 3.4cm

人体端正直立，似立正姿。头上平盖发式。双长方耳，面耳阴琢刻清晰。上身着袍，系宽腰带，袍上多神纹。背上为兽面纹，还有分叉云纹、回形纹等。腰下袍衩开似短裙。双手前握在腰，双脚并直立。袍下似露褶纹裤。黄褐色沁，有许多灰黑色的污染物，有少量白斑。头后有红沁。

251（S^{C}_{273}）直立人形玉坠（战国—西汉）

长 8.8cm

长大头，上有扁圆帽及发髻，上穿小孔，五官端正，有 S 型耳。束紧身及简化下身，袍上示双腰带。双手置膝上，光足。青白玉，坚硬，有黄褐色沁。白斑不多。

252（S^{C}_{264}）白玉小人，四件

（战国—西汉）

高 3.6cm 至 4.3cm

头上均有髻，中有穿孔可吊。一小人着袍拖地，外有回形纹，双臂置前，握手状。另三人似不着长袍，简化手臂，足勾起。白玉质，有不均匀的棕黄色沁。

253（S^{C}_{273}）圆雕武士骑虎玉件（战国）

长 4.5cm、高 4.3cm

扁形圆雕，一武士骑虎之上。武士着长袖袍，有腰带，头上有发髻，头后发卷状。一手持虎尾，虎四肢趴地，头扭转可见眼、鼻及牙等。尾巴翘起，可见细纹，有一束带。雕工极精细，为一件精品。青白玉，有黄褐色沁，头部有白斑。

254a 正面

254b 背面

254ab（S^{C}_{258}）白玉美人凤玉坠（战国）

长 9.1cm、高 4cm。人鸟合体，美人头，五官雕饰精美。发上有髻加戴一凤冠。凤鸟身，上有两雕花三叶纹鸟翅。鸟尾上有卷云纹。身下贴一平面凤形物（表示小凤）。白玉受浅黄褐沁，半透明。可能是象征王后之物，应属有重要价值的精致艺术品。是一件珍品。

255（S^{C}_{431}）青玉弦纹人兽合体伏地怪人（战国）

长 8.25cm、高 8.6cm、宽 4.6cm

圆雕人首兽身伏地，人首上见粗五官，见上翘外突大眉、吊外目、竖鼻、卷云纹竖立双耳。在鼻下见一深凹槽线。头上戴一尖头帽，上有粗弦纹，其尖端削平。兽尾粗短翘起，有粗弦纹并切断。伏地前肢有兽四爪，后肢似人足着地。青玉有花斑状褐红色沁。一侧略深，似与原玉碎裂状有关。突起部多白斑，并伴生黑沁。

256（S^{C}_{402}）白玉人首兽身玉坠（战国）

长 9.5cm、高 7.9cm、宽 1.8cm

略扁的圆雕。人首方脸，圆目，卷云纹鼻及双耳，扁嘴。头顶上有扁形饰，束发向后披下并卷起。兽身有前两肢趴地，示四爪。后身作圆尾状向上卷起，有脊饰五段。身上饰双勾阴线的云纹，阴线内有光泽。样式奇特，似“人面狮身像”，白玉质，有白斑伴生黑沁，全身淡棕红色沁，并见竖条纹。应属精品。

257（S^{C}_{324}）青玉人身兽头跪姿玉雕件（战国或更早）

高 7.5cm、宽 6cm

人兽合体，略扁。兽头，有耳有角，咧嘴见牙，臣字目，卷云纹耳。人身、背脊有扉棱，双手捧腹，跪腿。身上满卷云纹等。青玉，通体多红－褐色沁，有少数白斑。表面风化较松，多片状剥落，已修好。造型奇特。

258（S^{C}_{296}）白玉人兽合体玉雕件（战国或更早）

高 7cm

头顶平，中有穿孔直到底下。头两侧有双重弯辫子，头后有垂发并有一结带。上身裸露，突出双乳房。双手置腰前。下身为一大怪兽头，有两大角竖起并弯曲。双眼、鼻子明显，底下有三横空档，中通上竖孔。半透明白玉质，有不均匀的褐及褐红色沁。局部有白斑。

259（S^{C}_{549}）淡青玉人首鸟身玉坠（战国）

长 9cm、宽 4.5cm、厚 2.5cm

俯身姿。可见人头、圆目、卷云鼻、拱嘴。有发饰，头后长卷曲披身背上。两臂扒地见五指。鸟身见双翼并置身两侧，散开的尾部，上均有双阴线的云纹。淡青玉，坚硬，有棕黄及赭色沁，有白斑。头下有牛鼻穿孔。

260（S^{C}_{764}）人兽合体玉雕件（西周？）

高 10.8cm、宽 4cm、厚 1.2cm

头似牛首，双目突出，无鼻，尖吻部下突，露一排牙，双长方耳。有向上及向后卷粗枝状发饰。着袍拖地，不见足。双手连袖相接握在腰前，后见腰带。白玉，土黄沁，半透明。有风化白斑及黑沁。表面光滑。

261（S^{C}_{468}）人首螺身玉坠（战国）

长 9cm、宽 3.2cm

胸以上为人身首，头上围一具平行斜向纹的盘状发饰。头顶略上突，头后有发下垂。双臣字眼，卷云钩鼻，细横口，卷云纹双耳。双手下垂胸前。胸背后有盾形纹，双臂上有勾云纹等。胸以下为旋转尖头螺形，螺身上有纵纹及少量断纹。红褐色沁，较深，不透光，有褐白斑。做工奇特，工整。颈后有一牛鼻穿孔，可吊线。

262（S^{C}_{486}）人鸠合体玉杖首（战国）

长 6.7cm、宽 2.8cm、高 6cm

上半身为人身，着右衽袍。双手相握在腰前，五官清晰，卷云双耳，发以细阴纹向后梳并中间分开。后身可能为鸠鸟。具大尾翼外，两侧具四叶羽翼。雕工精细，下有一圆筒状为接口。表面有黄白色斑及灰褐色沁。

263（S^{C}_{502}）青白玉圆雕憨厚玉熊（战国）

长 9cm、宽 4cm、高 7cm

写实圆雕。全身浑圆抱团状，呆头呆脑，憨厚又可爱。圆头，长口紧闭，双线双圆目，卷云双耳，长鼻。四足趴地见四爪，小扁尾。全身光洁，在尾及四肢上有茸毛。青白玉，一面受深褐色沁，另一面露原玉质色，也有褐沁。局部有白斑及有灰皮。是一件精品。

264（S^{C}_{487}）青玉回首奔跑玉鹿（战国）

高 14.5cm、长 11.5cm、宽 4.3cm

鹿形圆雕回首状奔跑姿，四肢略弯曲，体向前倾。头上双角向前弯曲分叉，鹿身材苗条，短尾。是一件难得的写实圆雕。底下一个窄方玉托板，四蹄示奔跑状并未着地，连在托板上。战国以前鹿饰件极多。商至西周，主要均为片状玉件佩。鹿象征禄，有美好的含义。这件玉鹿，四肢及头角张扬，当时琢雕工极难。青玉，局部（头角、四足及尾部）有白斑，并有红沁。应是一件少有的艺术珍品。

265（S^{C}_{519}）带马具站立玉马（战国）

长 6.2cm、高 7.4cm、宽 4.3cm

四足立地，下有一小托板。马抬头，具强健身躯。马背上有马具，其下面为毛质垫毯，上面为皮质马鞍，两头见其有捆的饰件。马头上有皮带饰，马尾及马鬃均为人工剪饰。满棕褐色沁，有白化斑。这是一件写实的艺术品，属罕见之物。

266（S^{C}_{271}）圆雕白玉虎（战国—西汉）

长 6.5cm、高 3cm

趴地，四腿着地，显三爪。缩头，鼻子略大上有毛纹。半张嘴见牙及舌头，双耳间似有一浮雕弯角。白玉质，坚硬，表面可见粗粒状结构。受微褐黄沁，五官及四肢显白斑。

267（S^{C}_{247}）圆雕写实玉犀牛（战国）

长 6.7cm、高 3.3cm

双角犀牛，四蹄足，身上多大皱纹，形象生动逼真。白玉质，受棕黄沁，局部有白斑，保存完好。

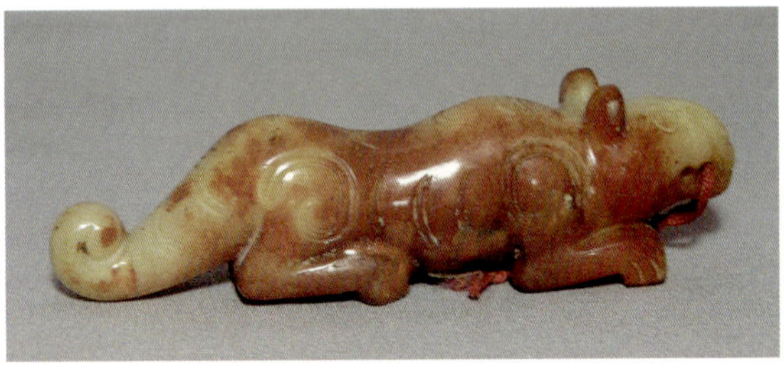

268（S^{C}_{655}）橘红沁圆雕玉鼠（战国）

长 9.8cm、宽 2cm

长形匍匐在地，大长卷尾。竖双耳，曲形身。身上有双阴线卷曲纹。白玉半透明，有不均匀的橘红沁。外形美观。

269（S^{C}_{312}）圆雕鹿形玉饰（战国）

长 8.5cm、高 4cm

写实性圆雕，四足伏地，前肢一后一前。头颈强后仰，长形头上有两长角。后肢上有两长形物，不明，短尾。总的形象极好，可惜有残破。似青白玉，多暗褐色沁，少数有白斑。身上多细裂纹。

270（S^{C}_{524}）花斑纹伏地玉虎（战国）

长 11.2cm、宽 5.5cm、高 3.7cm

写实虎形雕，虎身低下，四肢趴地，首前，略弯，张嘴龇牙。长卷尾，虎似趴地埋伏窥测前方，伺机出击。生动逼真，艺术性高。玉质不明。有黑沁及多淡黄的白化斑，也有似虎身及黑黄斑纹。美观，保存完好。有强玻璃光。是一件精品。

271（S^{C}_{692}）黑沁虎头牛蹄玉怪兽（战国）

长 15.2cm、宽 6.9cm、高 7.5cm

怪兽半趴地，回首的虎头双耳无角，咧嘴露牙吐舌。四足牛腿及蹄，大身体背似驼背，有鼓起的两个“山峰”，长卷尾，素面。黑—赭色沁重，有一点白斑。表面部分不光滑。玉质不清，保存完好，制作有神。俗名“四不像”，是一个吉祥之物。

272（S^{C}_{506}）圆雕欲飞神鸟玉坠（战国）

长 9.5cm、高 8.5cm、高 5.5cm

神鸟，朱雀形。抬头，长颈后伸。头上见弯钩嘴喙，滴状目及粗眉，有双耳，长高冠。颈前有竹节纹。双翅半张开，各翅作弯月形，前有涡纹，后有四羽叶，平伸八羽叶组成尾。腹内双足收拢不着地，表示将要起飞。青白玉，坚硬，褐沁，突部有白斑。造型美观，是一件稀有的艺术精品。

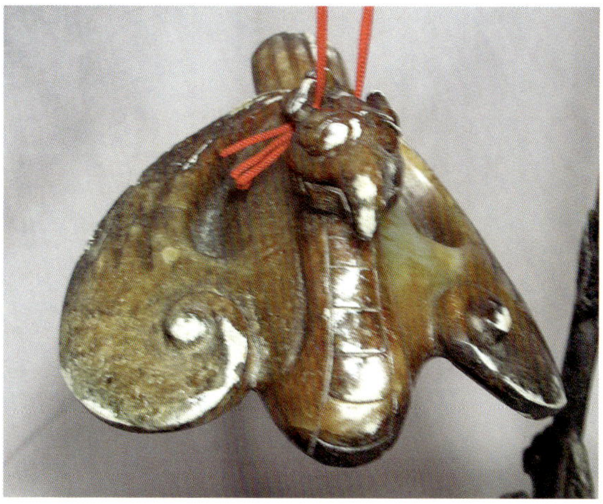

273（S^{C}_{396}）圆雕立猪玉坠（战国）

高 5.7cm

站立猪形，头上双耳、双目、前伸嘴均清晰，还有一个横穿孔。身直立，双前肢似乎前伸在胸前握爪。下身简化为一蜷身状，中有一穿孔。灰赭色沁，局部略发白。

274（S^{C}_{478}）黑沁卷云纹双角玉猪（西周）

长 10.8cm、高 4.6cm、宽 3.5cm

猪形怪兽，匍匐在地，翘鼻嘴，大而肥。头后有双角、绞丝纹。四足及背脊上均有突雕的卷云纹，美而雅。青玉，坚硬，受褐黑色沁，突出部多白斑。略微残破，已修好。造型美观。

275（S^{C}_{458}）卧地水牛玉摆件（西周）

长 11cm、宽 9cm、厚 6.5cm

老水牛卷身卧地，四肢弯曲着地。头鼓起，双眼外突，大鼻似虎头。大双角、分节，贴背上，卷尾。赭褐色沁，表面明显有皱纹，呈麻面，经研究是因原玉质中矿物（如透闪石）颗粒粗所致，有少数白斑。

276（S^{C}_{456}）双羽翼站立玉熊（战国）

高 9.5cm、宽 6cm、宽 5.7cm

双长大兽足着地，兽身扭转 90°，鼓腹。双前肢握拳在前，肢后有双叶羽翼，似鹰翅，长垂下。头似鹰熊，前伸，驼背。青玉，赭色沁重，可见原生纹理。有白斑，表面光泽强。

277（S^{C}_{298}）卷云纹圆雕玉牺尊（西周）

长 9cm、高 4.6cm

短身、短足、胖形，似“狗”，小竖耳，大而长吻部。突起的卷云纹及臣字眼目。青玉（？），满身褐黄色沁，四足及头局部有风化白斑。颈背上有细孔。形状仿青铜器牺尊。

278（S^{C}_{270}）独角带炉膛玉辟邪（战国—西汉）

长 7.4cm、宽 6cm

健壮身，有四肢，肢有四爪并细阴刻纹饰及毛。头上有圆眼珠，张口有牙及吐舌头，颌下有长须，双耳间上有上翘的独角。背上有径 2.5cm 的圆炉膛，似可点香料。总的做工精细，粗犷有力。褐—暗绿色沁重，突处有自然白斑，质重。

279（S^{C}_{299}）卷云纹卧地玉牛（西周）

长 8.3cm、高 4.5cm

四足屈卧地，头低下，背拱起。牛头外伸，老臣字目，双角弯曲贴头，满身凸纹卷云饰。背上有细孔。沁色重，原玉色不明，褐黄色，局部受灰褐沁，有白斑。

280（S^{C}_{390}）枣红皮半圆雕玉兔（西周）

长 8.2cm、高 6.2cm、厚 1.9cm

圆雕又略作厚片状。蹲式兔，双圆目又有臣字眼，双长耳贴颈上。四肢蹲地，有四爪，短尾。身上阴双勾刻勾云纹，背有牛鼻穿孔。和田玉，坚硬，普遍有枣红皮沁，美观，又有竖条纹，略有白斑。做工精良，色泽迷人。

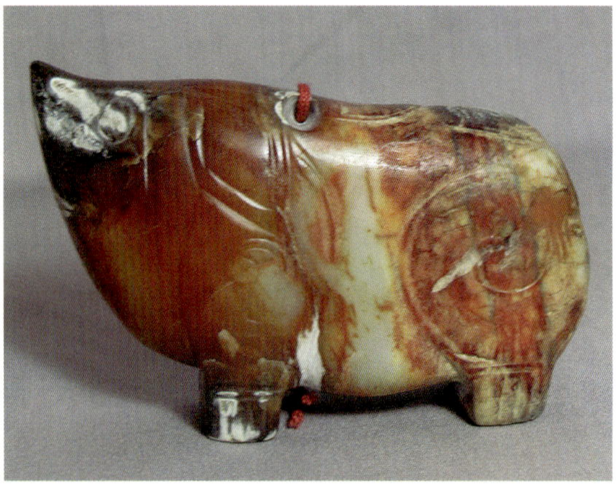

281（S^{C}_{408}）白玉红沁猪形玉坠（西周）

长 9cm、宽 2.8cm、高 5.3cm

圆雕胖猪，短四肢着地，有五爪。头尖翘起，臣字眼圆目，双耳阴刻贴背，嘴仅见一线，短尾。身上刻阴线双勾云纹。白玉，棕红色沁，不均匀，有白斑及伴生的黑沁，背有牛鼻穿孔。

282（S^{C}_{300}）卷云纹缩头玉穿山甲（西周）

长 7.3cm、高 3.4cm

缩头、收足，似一弓形。刻画四肢还有刚毛。腿上有涡卷纹，背上为卷云纹或 S 纹，凸起。青玉，受褐色—褐黄色沁，个别处有白斑。

283（S^{C}_{360}）白玉圆雕玉瑞羊（西周）

长 7.6cm、高 4.7cm、宽 3.2cm

双曲角，尖吻部，双眼靠前，眉明显，四足伏地，较宽尾部。背部有一系列卷云纹，四腿上部有云纹。白玉，坚硬，有棕黄色沁，表面还有玻璃光，突出部位有白斑及黑沁，属精品。

284（S^{C}_{420}）狗首虫身玉坠（战国）

长 7.5cm、高 3.3cm、宽 2.2cm

回头狗首，有嘴、双耳、无眼，有双前足，伏地。后身为有节的虫身。赭－黑色沁，有白斑。

285（S^{C}_{297}）卷云纹回头玉猫（西周）

长 9cm、高 3.4cm

双圆目，翘嘴，竖双耳，伏地四足趴下，身上阴刻双线卷云纹。青白质玉，多黄橙色土沁。头部、四肢、尾部多黑沁及白斑。

286（S^{C}_{318}）卷云纹鸮鸟玉坠（西周）

高 5.8cm、宽 3.7cm、厚 2.5cm

前面有向上尖形鸟喙，有一卷嘴，中有小孔。顶上有一花饰，中有细孔。前下有双脚，后有尾状物，背有上“扉棱”状物。满身有卷云纹饰。青玉受褐色沁，有少数白斑，坚硬。

287（S^{C}_{411}）伏地猪形玉坠（西周）

长 12cm、宽 2.7cm、高 2.6cm

圆雕扒地小猪，匍匐前进状。身弓形起伏，嘴上翘，尖尾，四肢贴地。臣字目，简化嘴，身上多卷云纹，背上有菱形纹。灰黄色沁，坚硬，多碎裂状，表面多白化，有白斑。

288（S^{C}_{301}）直立人形玉鼠（西周）

高 6.5cm

典型鼠头，竖两耳，方眼眶，涡卷纹脸，上有一双细孔。上身挺立双手拱在前，屈腿无尾，身上卷云纹。红褐沁，部分有风化白斑。应属人身鼠头饰。

289（S^{C}_{407}）白玉鸟形玉坠（西周）

长 10cm、宽 3.8cm、高 4.5cm

圆雕，两足扒地，头翘起。头可见臣字双目。嘴上有系孔。双翅并拢平直，上有双勾阴线勾云纹，大方美观。略微残破，已修好。是一件较好而且沁不深的白玉制品。

290（S^{C}_{315}）马背瓶形玉饰（战国）

高 5cm、宽 5.4cm

圆雕马形，头上抬，前肢简化，后肢着地，卷尾。背上有一瓶形物，瓶边塑一兽形头，含意不明。做工略粗，青玉有沁，略有白斑。

291（S^{C}_{394}）穿山甲形玉坠（西周）

长 5cm、高 3cm、宽 1.65cm

略扁的圆雕。低头，圆头上见鼻、双目及齿。短尾，四肢蹲地，身上多卷云纹及勾云纹。赭色沁并见白斑，玉质坚硬，形态完好。

292（S^{C}_{319}）马头形玉饰（西周）

长 4.5cm、高 4.2cm、宽 1.5cm

马头连马颈，以下切断。马头上有双耳，似角，颈上有五角形纹饰，双层。青玉，有褐色沁及白斑。

293（S^{C}_{316}）回纹回头龟（西周）

长 5.4cm、高 3.5cm

回头龟，以云纹为主，单长耳，嘴微张。龟脚扒地，背是三角形状有拱起。背上回形纹。青玉，有褐沁，有白斑。

294（S^{C}_{556}）糖沁铭文站立玉鸭（战国）

高 11cm、宽 6.5cm、厚 4cm

虎头圆目，大鸭嘴，挺胸站立。两侧翅上各有三字文，含义不明。玉质不清，坚硬，糖沁，有白化斑，多处残破，已修好。

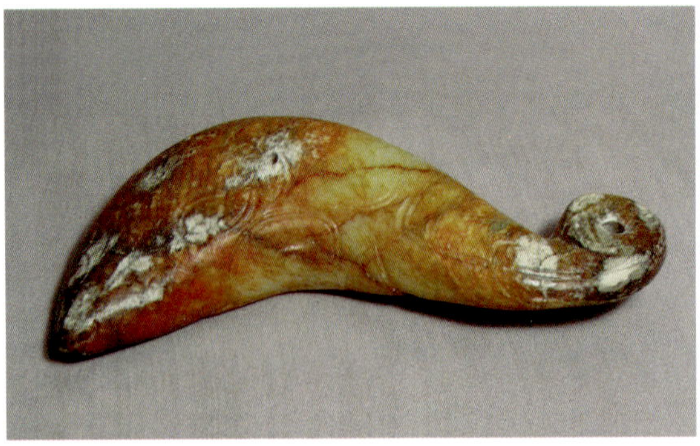

295（S^{C}_{383}）白玉红沁海豹玉饰（战国）

长 13cm、宽 4.6cm

底略平、身鼓起。尖头、闭嘴，可见双眼及双耳纹。在腹下可见双肢，具五爪。卷尾曲身成一小孔。身上多双勾阴线勾云纹。白玉有棕红色沁及白斑，伴生黑沁。可能属佩带的玉饰。

296（S^{C}_{381}）凤鸟纹玉佩（西周）

长 8.6cm、宽 7.2cm、厚 0.65cm

平面，曲喙，头部有穿孔。胸前有脊饰，六个牙。有四爪足及足后一勾饰。尾部翘起，有断。身上以双勾阴线示勾云纹。棕红色沁，可见横向纹。有局部白斑。品相较好。

297（S^{C}_{448}）微型小玉猪坠（战国）

长 4cm

除头尾外，四肢简化。受褐色沁，有少量白斑，尾部有细孔。

298a

298b

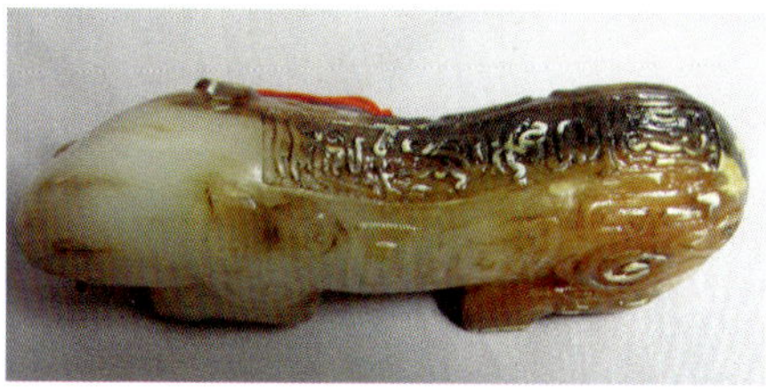

298c

298abc（S_{483}^{C}）白玉铭文玉虎（西周？）

长 11.5cm、宽 2.6cm、高 4.7cm

白虎四肢立地，呈匍匐状，头低下，闭嘴，有小双耳，小圆眼。长身背中凹下，身上及腿上饰阳纹饰，主体为云雷纹，涡卷纹及卷云纹等。背脊上自前至后共四个似鸟虫篆书（见 298b 柘片），暂读为“为符云雨”，示道人驱魔之意。整体琢工精细，白玉有赭黑及棕黄沁，局部有白斑。总体精工细琢，为有价值的玉虎，有铭文，属精品。

299（S_{339}^{C}）凤鸟背璜玉饰件（战国）

高 5cm、宽 5cm

一凤鸟圆雕，双脚立地，有凤冠。尾长，分叉卷起，颈背上有羽毛，琢工极为精致。璜一段有内出廓与纹饰，中间有一凹槽。白玉，有灰皮，微褐黄色沁。底有托板。

七、陈设用玉类——工艺摆件

工艺摆件指较大型的玉器，是摆在台上欣赏或祭祀用的。

300a

300（S^{C}_{714}）兽首琴头四轴玉琵琶

（战国—唐？）

通高54.3cm、宽25cm、厚8.5cm

按原物大小，仿原木琵琶制造。椭圆形音箱，内掏空，上有箱盖，黏合上。其上有琴头、琴颈与轴弦。音箱上部双侧有一对螭形耳，极为生动。下有托架。

琴头呈较大的瑞兽头，似虎头但有两角。头顶略平，两边有朝天的两耳，中间有弯曲分节的兽角。兽面略平，眼眶下凹，鼻外突，鼻下两侧有鬍饰，向两面分开。大张嘴，露出上下各六个大牙，吐卷舌。曲颈下连两侧，共四个轴弦，轴头是龙头形，张嘴见牙，双立耳。音箱板上部为五柱，其下为梯形发音孔（窗），为镂空的凤鸟纹，其上下还有卷曲头的水平突线。发音窗下为浮雕的兽面纹，由竖鼻及其两侧卷云纹，向外为一对大眼，鼻下有嘴。音箱板的下部呈现一对半球形发音罩，其上有方形及几何形镂雕。其再下为浮雕云纹。托架正面为梯形镂空雕板，边缘为云雷纹，后边为半月形纹，中空。音箱背面为浮雕兽面纹。

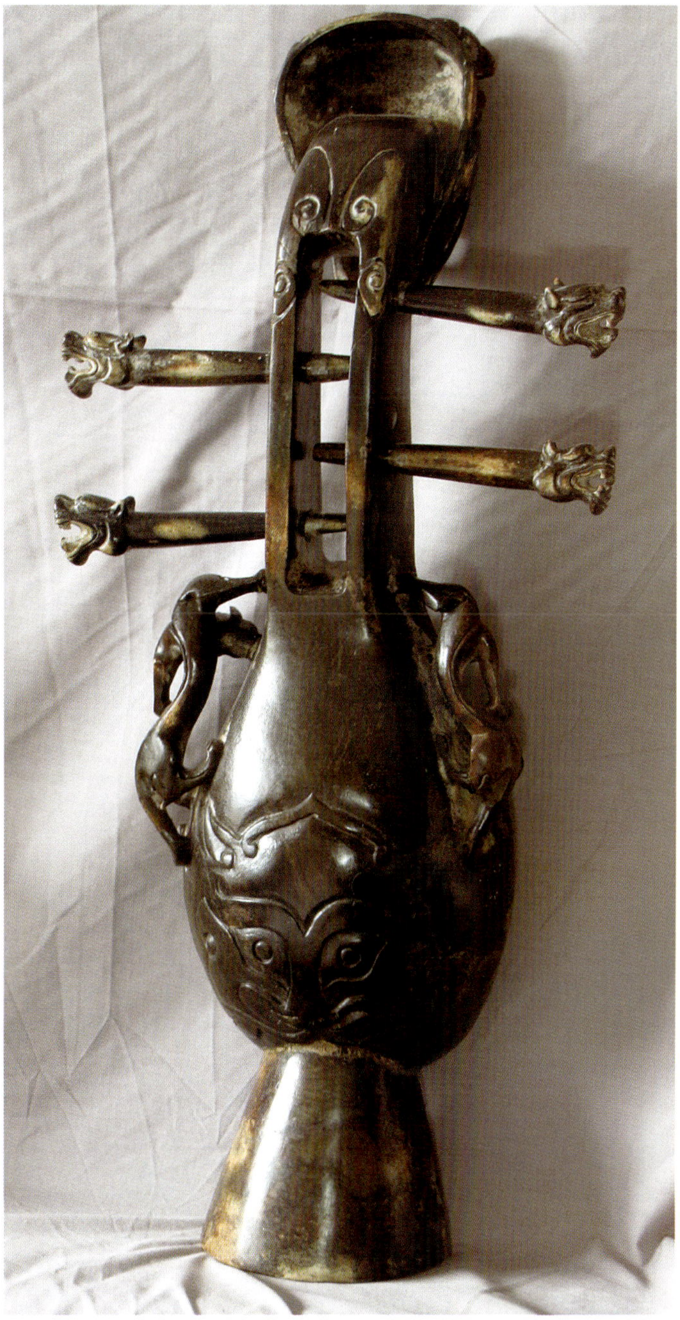

300b

此玉属淡青玉，坚硬，多为赭色—褐色沁，突出部有风化白斑，凹处及内部积留粉化物，出土特征明显。保存完好，只有微损。

查文献资料，民间收藏有一件唐代玉琵琶（许洪明等，2013），通高58.5cm，各部及形制均相似。但是纹饰有所不同。本件兽首头，正背面为兽面纹双螭龙耳，深色沁浸，可能时代较早。唐代是琵琶盛行时期，但在战国至西汉时代，从西域已传入中原，当时制作玉琵琶也有可能。

本件应为超大型精美珍品玉器。

301（S^{C}_{634}）兽首琴头蝙蝠纹玉琵琶

（战国）

长 20cm、宽 8.2cm、厚 4.3cm，重 0.72kg

圆雕虎首，咧嘴见牙，卷云鼻，连双眉。水滴形眼，小圆珠目，额头两侧有双小耳，中间有一撮毛向上分叉。兽首作琵琶的头，有三调音的琴轴。琴面上有三弦纹带，突起。两侧有两圈纹，示发音孔。琴面上多细阴纹刻勾云纹，火焰纹等，表示原琴上的花纹。青玉（？），坚硬，有灰褐赭色沁，边缘有白斑。琴右侧设一圆雕展翅的蝙蝠，见小耳及弯曲的尾巴。是一件罕见的仿乐器摆件艺术器。此玉由整块青玉雕琢而成，是战国时代精美的玉雕工艺品，本件是原件的 1/3，有考古的科学价值。

302（S^{C}_{762}）跪地圆雕镂雕龙摆件（东周）

长 13cm、高 8.5cm、宽 2.3cm

总体作宽板形，属立体龙雕摆件。龙曲身低头卷尾。其龙头、中部大鳍及尾落地，器中间出现一圆洞。头部见有方鼻、缝形嘴及方下颚，双立耳，一长角，两侧大鬃毛，竖立上曲。腹下大鳍弯曲有平行细纹。背上有小鳍。龙身卷曲中空，有齿状背脊，身上镂雕平行龙身的方形纹，卷曲尾。形象生动，雕工精细，保存完好。坚硬玉，赭色沁重，边缘有风化白斑。是一件罕见的吉祥陈设品。

303（S^{C}_{706}）长筒形兽面纹玉鼓（春秋）

通高17cm、鼓横长11.6cm、径10.4cm

鼓作横置的桶形，边直而长，在两侧平鼓面。下面四个外撇足，上粗棍形落地。鼓上方有一长元宝形捉手，其下有长方空档。鼓面今为薄玉片，上饰外两道弦阴纹，中间六瓣涡纹（火纹），中央为网格纹。鼓身两边缘有一周鼓钉纹（为阴线圆圈）。中间两面饰一圆圈，其中为主兽面纹。作菱形眼眶、小圆目。鼻梁中为分节叶脉纹，其两侧还有竹节纹。鼻下弯曲示嘴，额头上又有云雷纹。鼓中空，薄胎，两侧鼓面为黏合成。

玉鼓为照青铜鼓（商周）制造，青铜鼓今遗有两具，形制相似，为殷墟中晚期（马承源，《中国青铜器》1986）。已有文献中只收藏一件扁圆形玉鼓，西周（山西曲沃县晋侯墓地63号墓，古方），其仅高6.2cm。本器青玉质，坚硬，有开窗，多褐色沁，有风化白斑，基本保存完好。仅鼓面上有小裂纹。

此玉应属稀有品。非实用品，为摆设工艺品，敲之有响声。其上叶脉纹表示是春秋时代可能，应为楚国玉器。

304（S^{C}_{508}）白玉大型虎形玉辟邪（战国）

高 12.4cm、长 13.3cm、宽 5.2cm

虎头虎爪，四足着地，全身健壮有力。昂头挺胸，杏眼外突远视，张口露牙，舌头外伸，涡卷双耳，额头有皱纹数道。头后有独角。头腮部及四肢都有茸毛，胸前有四蛇节纹，腿窝有阳卷纹。尾部箭形斜伸，两侧有分叉弯曲。总观威武、雄伟、凶猛、传神。白玉质，褐色沁美观。在额头双耳。尾部及四足等处多灰色沁（灰皮）及少数白斑。略微残破，已修好。是一件战国时期难得的艺术珍品（独角的辟邪有时也叫天禄）。

305（S^{C}_{436}）白玉凤鸟瑞兽守铃摆件（战国）

高 16.2cm，宽 14.5cm，厚 3.6cm

圆雕镂雕摆件。中间一根方横梁，上阴线勾云纹。其上为一凤鸟圆雕。凤首勾喙，顶上有冠，口衔仙草，凤尾长而分叉。细身却见有前后肢及爪子，凤形强劲刚立。横梁下两侧为两对立的瑞兽，竖立身四肢圆首，龇牙；双竖耳。背上有上下两个翼翅，上有三羽叶。两瑞兽之间为一悬环及铃，活动，挂在U型横梁下一饰物上，底下为一卧身的凤鸟，尾长弯曲翘起，具下钩嘴。和田白玉，透光，有不均匀的橘红色沁，局部鹅深红沁及白斑，自然态。似战国玉质编钟架。

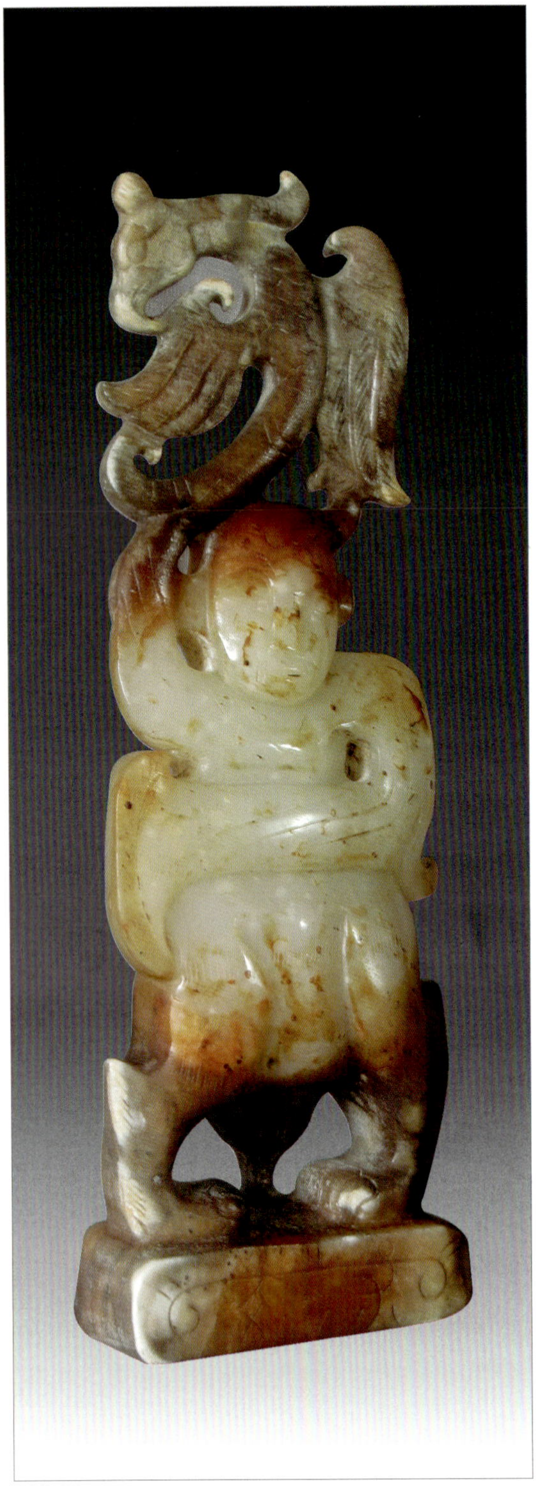

306(S^{C}_{611})白玉凤冠兽足玉舞人(战国)

通高 18cm、宽 5.5cm、厚 2.5cm

玉舞人，男性（？），面部五官端正，头上有发饰，向左翘起的辫子。着右衽袍，长袖大喇叭口。右臂上举接一凤鸟镂雕饰，左手连凤鸟一分叉尾。凤头有曲喙及长冠，头顶上还有一柱冠，身上有鳞片羽，一侧设四叶翼，背上还有一收翅的鸟。玉人下身变为兽身，见向内双兽脚，有茸毛及尾部落地。立在一长方形托板上。托板前后除阴刻纹饰外各有两字，是篆字，含义不明。白玉质，坚硬，透明，玉中有饭糁结构，白粒状。上下两端有褐红色沁，向外过渡为灰色风化皮（灰皮？）及白化斑。为一摆件。

307（S^{C}_{666}）青玉“双螭虎争球”圆雕玉摆件（战国）

长 26cm、宽 18cm、高 0.5cm、重 2.6kg

此玉是个立体摆件。圆雕一对螭虎，略有大小，双口争咬中间一个彩绘（雕花纹）圆球。螭虎长双耳无角，突出眼及眉，额头有三横凸纹。前伸鼻、张嘴咬住球体。显四肢足，有茸毛及爪，有背脊纹及身上弯卷勾云纹，示强壮有力。尾分叉卷曲，有三足落地，整件腾空。圆球外有弦纹排列的勾云纹，球径 7.5cm。青玉，坚硬，赭一褐色沁，多风化的白化斑。基本完整。是一件稀有的艺术摆件，属精品。

308（S^{C}_{771}）青玉圆雕大型天禄（东周）

长 25.5cm、高 14cm、宽 6cm、重 2.5kg

全器类似虎，尤以虎头。但上有一后伸的长板状角，略上翘。板角面上又饰四个螺旋状发饰。头部吻部前突，咧嘴、吐长舌，见门牙及上下两对尖齿。下有须，卷连下腭。长条鼻，鼓起的眼包，圆双目。双耳后伸。整个身子作前斜状，前肢半蹲，头低下前视。后肢站立。上肢健壮有力，肌肉外鼓作花状，下肢有三爪。尾上卷，端部裂开作两瓣状。从下半身到尾均有一系列横向凹纹。上颈上有纵向凸纹，腮部也有花状鼓出。淡青玉，坚硬。棕黄色沁为主，尖突部位有白斑及伴生黑晕。总体保存完好，但身上有裂纹，有少数破损，已修好。这是一个罕见的大型雕琢艺术器，属精品。是属吉祥的神兽，应作陈设用。一般动物圆雕，均在几厘米到十几厘米间，超过 20 厘米的大型圆雕，极少而珍贵。

309（S^{C}_{790}、S^{C}_{791}）白玉棕黄沁大玉神牛，一对（战国）

通高 15.6cm、宽 8.5cm、长 20cm、各重 2.5kg

玉质牛，半蹲式，四蹄足，略低头。牛头顶上有一对变形角，作旋盘状，牛尾螺旋式。牛眼上有 S 形饰，咧嘴见上下门牙，四腿上股琢勾连谷纹，开光。健壮身及四肢，表面光滑发亮。以红棕黄色沁为主，略见白玉半透明。突出部位为风化白化斑，色变浅。从牛的装饰及身上的谷纹判断，此玉器可能应属战国时代的。

310a

310ab（S^{C}_{791}）白玉龙凤镂雕大型玉座屏（战国）

通高 21.8cm、长 35.8cm、宽 14cm、厚 0.6cm 至 0.85cm

310b

中央有一主体板，两侧各一支板。主板为上凸的长方形，下边又突一长条形框。主体板为一对卷曲的大夔龙，面相背，并有足及鳍，还有三羽翼。镂雕加半圆雕，其上又有游丝毛雕，示龙身上细纹，应属飞龙。两龙首间又夹一对合体的凤鸟。下边框中也夹一对横卧的凤鸟。两侧支板作下大上小的梯形，头略钝。其两侧为镂空的龙凤纹。支板内侧有竖凹槽，与主板两侧边的凸条相扣固定。白玉，坚硬，棕黄色沁重，突出部有白斑及黑晕。总体保存完好。插屏用木座，在清代大量使用。古代早期的叫玉座屏，报道仅见东汉定县出土，长仅 15.3 厘米。本件形体硕大，工艺精湛，应属国家级珍品。可能为当时楚王宫中陈设用品。

八、殉葬用玉类

殉葬用玉属各类殓器，是专门制造的，一般不包括生前用物，后作陪葬的。

311（S^{C}_{571}）跪姿女玉俑（战国）

高 16.2cm、前后宽 9.6cm、左右宽 5.6cm

头部圆脸略胖，五官端正秀丽，似略显愁容。头发向左右及向后分开垂下。头上有发饰，有大小发髻。头部向右转 90°，右视。身圆雕，略显胖，着右衽袍可见衣褶纹，长袖，袖口略大。双臂前伸，双手捧一物，似长方形，向上变薄。下身着袍，一腿蹲（左），一腿跪地，衣拖到足边，可见鞋。跪地之下有一物，前翘起，厚，上头圆，向下向里变薄。可能为一软的垫物。玉质坚硬，有青玉的可能，今见为深青灰色为主，可能为沁色，玉的表面有显示不完整的白色玉皮，尤以前上身保留居多，不易去掉，平整，部分脱去。外表又有褐色和铁锈色。表面无白斑及白化现象。总观神色表情俱佳，形体较大。

312（S^{C}_{640}）僧人玉俑（六朝？）

高 18cm、宽 7cm、厚 5cm

站立僧人，秃头，头顶上有 9 个小疤。着袈裟袍，袍外有条子纹及其上的双横线纹，右衽，大袖口，拖地。双手置胸前，从下捧一物，似卷，叠置，可能为佛经书。头略大，长耳，高鼻，神气略木。双足着布制鞋，平底有纹饰。总观雕工入神，但表面略显粗。青玉，坚硬，黑赭色沁，有少量风化白斑。

313（S^{C}_{645}）披肩贵妇人立姿玉俑

（六朝以后？）

通高 23.5cm、宽 9.4cm、厚 5.6cm

大头立姿人物。头部五官端正，张眼，微张嘴。头前发左右分开，前额还有几撮分发。头后发垂下至腰上，分三支。头顶上有竖立两分叶形发饰，其前有宝相花一朵。大披肩拖至足，外有梅花纹，下有褶纹，边缘有斜线纹。上有个蝴蝶结在前颈下。双手执结带置胸前。有窄腰带，下着花裙，下拖至足。着大绣花鞋。总观形态及装饰一般，但不够精细，表面处理略粗。赭黑色沁，略有光亮，有风化白斑。应属墓中镇墓玉俑。

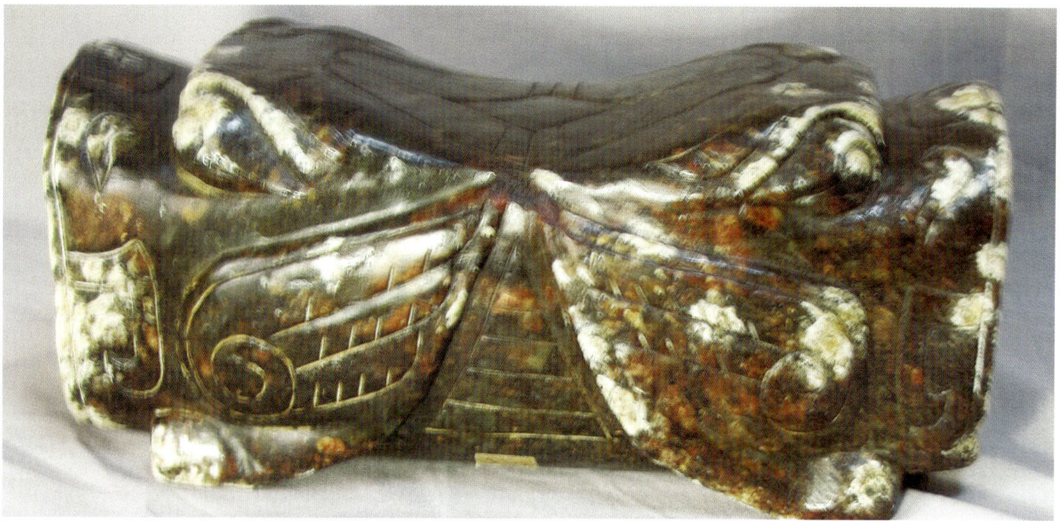

314（S^{C}_{777}）赭沁双翼虎头玉枕（东周）

长 22.4cm、宽 8.5cm、高 9.4cm，重 2.7kg

略呈长方形，又似横卧琮形，中间为圆空洞，外略作方形。两头均为带翼虎头，两端的洞示其大口，其上见突双眼，其下有双足，见四爪。三羽翼。枕上面呈凹下，其上有几何纹，作枕头用。赭沁色为主，多处有风化白斑。表面略光亮，制作较粗放，为殡葬用器。

315（S^{C}_{622}）双包形（乳罩式）兽面纹玉枕（战国）

通长 20cm、宽 14.5cm、高 8cm，重 1.72kg

近双圆包相连的枕，中间凹下，似“乳罩”。上饰粗兽面纹，具舌形鼻，左右双环，双圆眼目。枕下部为一长方体，纵侧有大圆孔（径 2. 6cm）。横侧有两圆孔，远望似两个相联的民舍。方体上有简单纹饰（三角纹等）。青玉，坚硬，普遍有暗紫色沁及边缘白斑。

316（S^{C}_{534}）兽面纹活环玉铺首，一对（战国）

铺首径 5.3cm、下挂圆璧、外径 3.2cm

圆形薄片状铺首，平雕阴刻兽面纹，上还有细饰纹。背后有一方形銎孔，套一弯曲横梁，下挂一绞丝纹圆壁环。青白玉，坚硬，有白斑。藏品虽小，但完整、可爱。

317a 正

317b 背面

317ab（S^{C}_{540}）紫沁八角形兽面纹玉镜（战国）

八角外径 20.8cm、纽座径 8cm、厚 0.5cm 至 1cm

八角外形。主体镜中区为圆形，由五层的卷云纹同心排列。外区由从里向外套的两个八角形组成，中间雕琢菱花纹边，彼此相接。菱花阴雕突起，分外显眼。内区相当纽座，略下凹。中心又鼓起。浮雕一近圆形兽面纹，兽面鼻梁隆起上设一牛鼻穿孔，正相当兽面双眼。兽面上有弯曲“牛角”，头上还有尖头卷云纹。鼻下又有两侧卷曲纹示须。镜正面外凸抛光，但不能照人。有略微残破，已修好。普遍紫色沁，局部露青玉，坚硬，有白斑。当时崇敬玉器，精工制造玉镜一为生前摆设用，二为死后作殓玉。类似的纹玉镜文献中极少见，可能是开辟了菱花镜的先河。应属精品。

318（S^{C}_{438}）青玉圆形刻纹镜（战国）

外径 18.3cm

圆形镜面略向外突起，形同青铜镜，镜面光洁，略可照人。镜背中央有扁饼形纽，其上有牛鼻穿。内圈为八瓣对称纹饰。外圈为四分区各为方勾云纹，粗阴纹为主介以细阴线。并设有外边框。基本完整，边有裂纹，但已修好。青玉，质坚硬，多褐色沁，内部多裂纹。

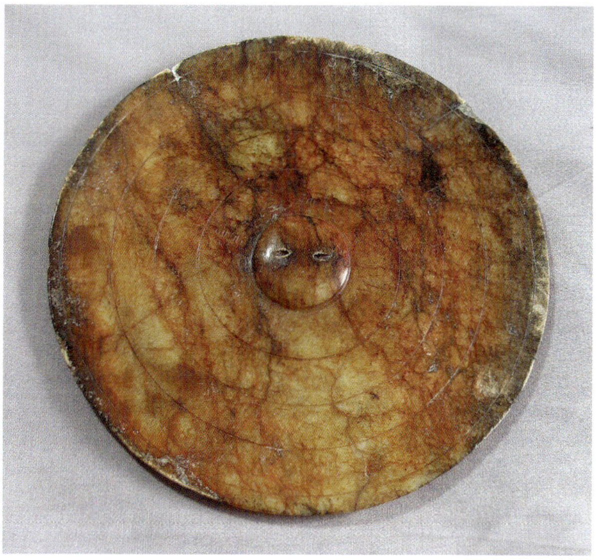

319（S^{C}_{687}）青白玉红沁铭文圆镜（战国）

外径 13.8cm、纽径 2.6cm

为一凸镜面的圆形镜，镜面光洁，但不能照人。

为丧葬用冥器。背面中央为一扁圆纽，有牛鼻穿孔一对。全镜背面有四道同心圈纹（阴线），构成四个圈区。每个圈区琢篆文四个，共三十二个字。篆文琢刻较浅，有的清楚可认，有的不清，含意不明。可能与道教有关。青白玉，有若干裂纹。受红褐色沁较重，边缘有白斑。

320（S^{C}_{347}）玉猪手握（战国）

长 9.5cm、高 2.9cm

简化卧地猪形，典型“汉八刀”。见猪鼻、双耳、尾有一穿孔，不见四肢。用粗线刻划，底平。深褐色沁，有白斑，似花猪。

321（S^{C}_{317}）玉蝉（之一）（战国）

长 6.8cm、宽 3.5cm

做工精细，有玻璃光。青玉，暗褐色沁较重，有白斑。质硬，属口含。

322（S^{C}_{313}）玉蝉（之二）（战国）

长 6.8cm、宽 3.3cm

完整，但腹下见一原生裂纹。做工精细，有玻璃光，规正。有暗褐色沁及白斑。青玉，属口含。

323（S^{C}_{350}）白玉细纹蝉（战国）

长 5cm、宽 2.3cm

圆雕表面刻花精细独特，翅上多纹饰。白玉，多浅灰黄沁，头部有白斑，属口含。是一件精品，少见。

324（S^{C}_{503}）“大泉五十”玉钱（汉）

外径 2.95cm、内径 0.8cm、厚 0.45cm

外圆内方，较厚，有边缘。一面有字，简笔“大泉五十”篆字，另一面素。白玉，有褐色沁及白斑。啥用。

325（S^{C}_{389}）“两甾”玉雕币（战国）

外径 2.82cm、方孔 0.82cm

外圆内方，有边框，字自右至左排列“两甾”篆字。白玉质，有棕色浅沁，略有白斑。应属战国时期秦国半两钱的异体币，珍贵稀少。玉币可能作口含用。

326（S^{C}_{241}）微型圆雕玉豹（战国）

长 2.2cm

形虽较小，但雕工较精，可穿线，应作口含用。

327（S^{C}_{736}）“长乐”铭双立人兽面纹转球玉摆件（东汉）

通高 18cm、横宽 14.7cm、厚 8.5cm

成近方牌形。底有长条形厚板，其两面饰兽面纹。条板上立有一宽圆环形牌，环中设一圆球。球中空为两半，以子母口相合。球下中有一榫，插入底板。其上也有一小孔，为另一榫插入，可转动。球外上下两半及两面均为浮雕兽面纹，纹饰精湛。圆环两侧各立一人，似侍从官员。着长袍，系腰带，双手相叠于腰前。面部庄严，五官清晰，头两侧有下坠饰物，头上有髻，其上又有一扁盘形饰物。环上中央立一较小的老者，长袍，略驼背，双手相握置腰前。右衽，头上有一小圆髻。老者是尊者，可能为本器的主人。老者下设一榫，插入环中小孔，固定转球。老者两侧有两方形牌，镂雕“长乐”两字。字形近隶书，与东汉玉璧上字一致，不明为何排列自左至右。玉质坚硬，褐赭色沁重，有风化白斑。本器雕琢精湛，设计精巧，可能为老者生前贺“长乐”摆设品，死后作为殉葬器，文献中未见。属精品。

328a 侧视像

328abcd（S^{C}_{734}）青白玉质武士车马组合（战国—西汉）

组合总长 38cm、宽 20cm、高 20cm

一马，双武士，一双轮舆辇带一伞篷盖，一驭手。马强壮身及四肢，高 13cm，长 14cm。前后腿在身上深雕刻出三羽翼，应是飞天的飞马。就是“天马行空，奔向天堂”之意。马三足落地，一足抬起，拟将开驾。双武士高 12 厘米，站立在舆辇两旁。头上有正髻及饰，穿盔甲，系腰带，盔甲上有方块纹，中间有圈纹。右手持长戟，左手扶盾牌，其上示兽面纹，颈上只有护圈。面目端正，保卫墓主上天。驭手头有髻，着右衽袍，紧袖口，系腰带。坐在车厢前方。双手持双玉链，各 13 节，连接到马嘴上。舆辇长 30cm，宽 20cm，高 15cm。下有能转动的双轮，径 9.4cm。车厢前空无挡板，后及左右侧均有花形挡板，以镂雕龙凤及浮雕兽面纹为主，形式美观。中间有一花形柱子立一盖伞，伞外有浮雕兽面纹及一对凤鸟纹。车前有设双捍子及接一鞍状物，以榫相接，架在马背上。此件全为青白玉质，褐沁重，时显风化白化斑及有局部灰皮，见粉化。局部开窗见青白玉。此器应属殉葬品，代表墓主人的权势与尊严，托意为送墓主灵魂上天。工艺精湛，配合协调，纹饰精巧美观。有圆雕、镂雕、转轮、活环等工艺。

本品在目前的藏玉中极为罕见。应是一件殡葬的高级珍品。保存基本完好，有小破损，但已修好。器物大小为原物的 1/15。

328b 正视像

328c 武士

328d 天马

九、生活玉用具类

生活玉用具是玉制高级生活用器，供王室及贵族使用，如照明、沭手、饮酒等。其中许多也可列入容器，或作为礼器用。

329-330（S_{619}^{C} - S_{620}^{C}）谷纹豆形玉灯，一对（战国）

灯盘径 9.95cm、厚 2.5cm、高 16.9cm、托盘径 6.7cm、花柱径 3.1cm

浅腹灯盘，中心凸起有四瓣团花柱，中有圆花心。灯柄作束腰圆柱状，中间略粗。座上也饰四瓣花纹，外底凹进。灯盘除上下素弦带外，饰勾连谷纹。有可能由盘、柄、座三件黏合而成。红褐色满沁，有明显的风化白斑。原玉不明（白玉？），坚硬。玉灯为战国特有的稀有品种。这应是一对高级的珍品玉器。

331（S^{C}_{663}）豆盘形绞丝纹玉灯（战国）

高 14.2cm、灯盘径 8cm、高 2cm、底盘径 5.15cm

豆盘形，盘盛油，中间还有一尖头中突。盘外侧饰变形云纹，阴刻。长柄，中间束腰，上下鼓起，外饰绞丝纹。底盘喇叭形，中空，上饰柿蒂纹。本器较小，以饰纹、丝纹为特征。青玉（？），深紫色沁，有明显白斑。在盘上下有少许灰皮。

332（S^{C}_{668}）豆盘形叶脉纹玉灯（战国或更早）

高 17.5cm、盛油盘径 9.2cm、柄长 11.6cm、足径 5cm

圆锅形油盘，其上中央树一高 6.3cm 的圆柱，柱顶膨胀，琢一盘身螭虎，非常精细。盘锅形盛油。柄呈圆柱状，向下增大，呈倒喇叭形，底作圈足状。柱上下有两道弦纹，饰上下有尖叶的叶脉纹，中间是细中脉。青玉（？），多赭黑色沁及风化白斑。文献中未见该型玉灯。

333（S^{C}_{625}）白玉连体双虎座烛台（战国）

长 12.7cm、高 11.2cm、宽 3.7cm、盘径 6.5cm

双虎（双辟邪）首相背，共身相连。各有两个前肢。虎首张口露牙，舌外吐上翘，双耳向上，双目前视有神，有须。身上有三叶羽翼纹。做工精细，表示凶猛有力。虎背上立一细圆柱，上顶一灯圆盘，盘下圆化，上底平，中央有一针状杆，上尖，插烛用。精细端正。灯盘可能黏合在柱上。白玉微黄，灯盘及双虎多深红色沁，边缘有白斑及其伴生黑斑，红沁有沿网状分布。色彩绚丽，中间露白玉，保存完好。是一件不可多得的艺术烛台珍品。

334（S^{C}_{719}）青玉兽鸟饰活环玉觥（春秋—战国）

高 21.7cm、口径 13.5cm 至 9.5cm、腹多径 10.5cm、足径 9.5cm，重 1.08kg

深腹，近觚形腹，中间有鼓起。薄胎口作梨形，有喙形口，但未成流。腹后侧有螭虎作鋬，贴在腹上方，腹前在流下有展翅凤鸟，背贴腹，凤鸟下衔活环。腹下接一圆足，边有四接扉棱。腹上段浮雕穿云尖嘴（另一首为方嘴）螭纹，周围系云纹。腹中段鼓出的兽面纹为主纹，上有竖发，两侧旁有尖嘴螭纹。圈足外饰尖角纹，其上向下有平行细阴刻线纹。青玉，坚硬，有不均匀分布的褐沁及其表面白化斑，玉体内多旧裂纹，多受沁。表面有亚玻璃光。是一件大型罕见的玉器精品。玉觥从青铜器觥而来，作盛酒器，玉觥一般无盖。

335a

335b 细部（神人）

335ab（S^{C}_{783}）白玉辟邪兽龙凤纹玉觥（东周）

高 21.7cm、宽 12.6cm、厚 6cm 至 7cm

整体作辟邪兽背觥形。辟邪兽昂头、咧嘴、露牙、吐舌，两侧有双耳，下有须。有四羽叶双翼、分枝。有四足见爪，上翘卷尾。兽头顶上蹲坐一玉神人，面上清秀、长发拖头后，上身无衣，屈腿有下衣。雕工精湛。觥作椭圆体下收，立兽背上。波状口，一端较低，有喙流口，另一端高起作凤头形，大曲喙嘴弯曲挂一活环，有圆目、曲眉及长冠，冠沿口缘伸长又作鸟纹状。觥口沿下有一带分节的叶脉纹。觥身腹外主体为浮雕龙凤纹，精细。下腹外还有卷曲分枝的飘带突出，其上饰叶脉纹。全器由一白玉（微青）琢成，坚硬完整，有少量棕红色沁斑，是一件完整的玉觥珍品。

336（S^{C}_{562}）黄沁谷纹活环龙饰玉觥（战国）

高 15cm、宽 16cm、厚 6cm

觥形扁长腹，中间鼓起膨胀，圈足外撇，径 7.5cm。口异形外撇，前头伸出弯曲，后头略圆。腹前方设一龙头，口吐一弯曲长舌，吊一活环。腹后至后口沿，设一站立的龙凤纹，镂雕。杯身外纵横满琢勾连谷纹。谷纹上显卷曲纹。淡红黄色沁，上有灰白化斑，尤以在谷纹上及边缘上。原玉质透明白色，较软，应属大理石玉。形态及制作应属一流，是高级品。

337（S^{C}_{632}）龙凤形兽面纹三足玉匜（春秋）

通高 20cm、宽 13.5cm、厚 7.5cm

鸟喙形口，龙形手鋬，扁圆袋形腹，三叉足。喙口略外移。龙形鋬，龙首双耳外有双曲角，抬头张嘴见牙。背上有双叶翼及齿状背脊，其腹部及尾连壶腹。喙口下饰一凤鸟首及前身，凤后半部及尾羽以浮雕饰在壶的上半身，其羽毛上有横向阴刻双线。壶下部两面均饰兽面纹，其鼻中脊上有向下的分节叶脉纹。具菱形大眼眶。边侧有云纹及羽毛纹。匜圜底下置三舌形足，外叉。青玉（？），有紫褐色沁，有白斑，部分有灰皮。全器保存完好。外观纹饰粗犷，有力，是少有的器物。

338（S^{C}_{672}）青玉龙首錾双螭纹深腹玉匜（战国）

高 9.7cm、通长 15cm、宽 7.5cm、足径 6.7cm 至 5cm

喙口杯形，长圆腹向下收缩，下接一长圆圈足。杯体一侧有錾手，龙首曲身，还有背棱。另一侧饰一镂雕小凤。匜口前略高，有一低下凹流口。匜身两侧用浅浮雕一对螭龙在上空云中飞舞，还见一些云彩。青玉，坚硬，极完整。红褐色沁，有白斑。应是精品。

339（S^{C}_{635}）青玉红沁螭龙錾足玉匜（春秋）

通高 12cm、通长 18cm、宽 5.4cm

有椭圆形腹，下收。长宽的大流口，螭龙形有背鳍的錾手，有四个跪地的螭龙足。全器大方美观。匜体外只有阴线细刻的三角纹及圆圈纹。淡青玉，有不均匀分布的红沁及白斑，坚硬。是一件罕见的艺术性玉雕珍品，保存完整。同春秋青铜匜形制极相似。

340（S^{C}_{600}）青玉圈足虎首錾谷纹玉匜（战国）

高 6.5cm、长 13.3cm、宽 5.8cm

虎首连一曲体錾。匜口沿长圆，前方曲流。匜身下接一外撇圈足。口沿下一圈方云雷纹，下腹勾连谷纹，涡卷有芽，全身完整。青玉，坚硬，有褐色沁，边上有白斑。

341（S^{C}_{430}）白玉红沁三足玉匜（战国）

长 12cm、宽 6cm、高 4.8cm

仿青铜器匜形，有流口，三矮足，有鋬。曲鋬上面置一斜板，上阴刻兽面纹。匜口缘一圈回形纹（阴刻）。形制比例匀称、美观。体薄透光。白玉坚硬，沿绺有不均匀的橘红色沁，似牛毛纹。在鋬手、口及边缘三足上多白斑，伴生黑沁。制作规矩，表面平滑有光亮。这是一件稀有的精美的工艺精品。

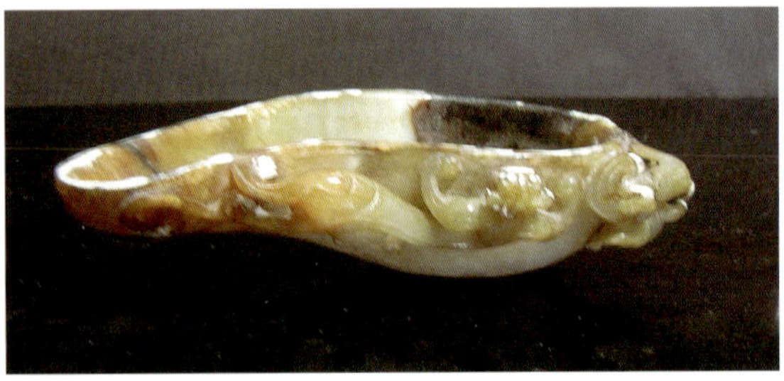

342（S^{C}_{498}）螭凤饰玉匜（战国）

长 12.8cm、宽 6cm、高 3.5cm

变形匜形，椭圆口并流口向内侧弯转。内侧腹外及一头设一半圆雕的螭虎及一凤鸟。其仅以足、尾及腹部略着地，镂雕，雕工极佳。外小平底，不能独立站立。青白玉，坚硬，有黑赭色及棕红色沁，边棱有白斑。应属精品。

343（S^{C}_{657}）五螭倭角长方玉盘（战国）

通长宽 24.2cm 至 18.3cm、高 3cm 至 4.3cm、厚 0.7cm

倭角长方形，波形口沿，一侧较高。直壁平底。盘外壁饰圆雕五条螭龙，活龙活现，方首双小耳，圆双眼，下有长须连盘壁，曲身有四足。少数断身穿云状，长绞丝尾后端转盘在一柱上，固定在盘壁。螭龙形象生动，盘壁及底异常平滑。青玉质（？），坚硬，有不均匀的褐色沁，见大片灰皮。在螭身、口沿有风化白斑。很旧有破裂纹，已修好。应属当时洗盥之礼的用盘，少有。同时可能也用作盟礼时，盛牛耳等。系整体琢雕，难度很大。

344（S^{C}_{491}）大型棕色沁谷纹高足玉杯

（战国）

通高 18.95cm 、杯身长 12.5cm 、口径 5.3cm 、足径 5.15cm 、口缘厚 0.5cm

直筒式杯身，下成圆圜底，接一管状柄，内底平。圆形足底内凹，向上作圆丘状，以小平台直接管状柄。总貌示大、直、厚，较原始状，可能为战国早期时的产物，后期多流线型。腹外饰勾连谷纹，竖横排列有序。青白玉，坚硬，划不动。受红棕色沁，局部开窗。突出部及边棱多风化白斑，其边缘又多灰黑色沁。应属有重要价值的精品。

345（S^{C}_{628}－S^{C}_{629}）谷纹矮形高足玉杯，一对（战国）

高8.1cm、腹径5.8cm、足径4.8cm、厚0.43cm

圆筒形直腹，向下转圜收，下接一高圈足，足高3cm。方唇，体厚。口沿下有一弦纹边。外腹为勾连谷纹，谷粒突起。下腹为四分柿蒂纹浮雕。圈足素面，内凹。做工规正，厚重，完整无损，形象完好。青白玉，坚硬。褐色沁，有明显灰皮，尤以腹内重。

346（S^{C}_{598}）黑沁谷纹高足玉杯（战国）

高14cm、口径5cm至6cm、足径4.4cm

圆筒状腹，向上略外撇，薄方唇口，腹下接一豆形足，上有两道弦纹。圆锥形底圈足。足造型与秦阿房宫出土的高足杯一致。口沿下为一宽带云雷纹，腹外为勾连谷纹，小而上突（刺手）。普遍为黑色沁，局部白化，原玉不明（青白玉？），坚硬。足上曾断，已修好。

347（S^{C}_{380}）碧玉螭纹浮雕高足玉杯（战国）

高13.5cm、足高5.2cm、口径4.7cm、足3.4cm

筒形杯身，口沿略外撇。圈底接一长柄，底为一盘形，中空。胎极薄，可适光，见影。杯身外侧浮雕三螭龙，做工精湛，螭尾作绞丝状，四肢有边细毛，底清理平整。暗绿色碧玉，外表呈微绿黑色。口沿部及绺处有褐色沁，伴生牛毛纹，在一侧口沿及底足有风化白斑，不透光。应属珍品。

348（S^{C}_{630}）大型翼虎复双耳龙纽叶脉纹带盖玉高足杯（战国）

通高 27.8cm、口径 8.7cm、足径 5.75cm、杯体高 13.5cm

杯体方唇，子母口，口外侈，直壁下收。下接一豆形高圈足，其上部有一外突的弦环带，上有绹纹。腹外两侧有虎形带活环四耳。虎身立首朝外，后身贴杯体，见两肢足，背上有三羽叶翼。虎首双小耳，双长圆眼突出，张嘴见牙。虎胸前垂下一条状物，并折弯连杯体，上挂一活环。圈足外两侧，也有一双虎形耳，首朝外，背上也有卷曲羽翼，下有足。杯体外表面平整，用细阴线饰以一系列条状分节的叶脉纹。圈足外饰叶脉纹，头朝下。圆盖上鼓，平顶，上饰一个半圆雕的螭龙，昂首张嘴，露牙有须，双小耳。头顶上有长曲冠，分叉。螭龙纽身叠曲，可见四肢，分叉长尾，形象生动有力。盖四周阴刻叶脉纹，头朝下。青玉，坚硬，局部开窗，褐一赭色沁重，有风化白斑。有若干裂纹，已修好。总体特高大，形状特殊，雕刻突出，品相精美，身外纹饰少有，是一件特种工艺的高足杯精品。

349（S^{C}_{612}）青玉大型螭纹高足玉杯（战国）

通高 18.7cm、口径 7.5cm、足径 6.75cm、壁厚 0.7cm，重 1.2kg

方唇直壁，圆筒形腹，底收成圈边平底，下接一高圈足。腹外半圆雕三只穿云螭龙，周围有少数飞行云朵。螭龙方头双耳，单尾卷曲，有中脊纹、四肢及爪，坚强有力。本杯以平口及直腹，刚强有力，庄重，有王者之气。青玉，坚硬，红褐一赭色沁重，有白化斑。是难得的战国异形大玉杯。

350b（S^{C}_{680}－S^{C}_{718}）腹部拓片（展开）

350ab（S^{C}_{680}－S^{C}_{718}）青玉大型龙凤谷纹带盖座玉高足杯，一对（春秋－战国）

通高 26.5cm、杯高 17.2cm、口径 8cm、座径 10.2cm、足径 5.8cm

圆筒形杯身，向下弧线收缩，接一高圈足。圈足中段鼓出成一箍形带，有人作豆形座足。杯腹外由浮雕龙－凤为主纹，形体直角弯曲变形，还有宽勾云纹，并以勾连谷纹为地。腹下饰以八组花瓣纹，腹上口沿有一叶脉纹弦纹带。高足箍上也饰分节叶脉纹带。器盖为小丘形隆起，外饰勾连谷纹，盖顶为一扁圆形捉手，其顶又饰以四瓣花纹。下有精制的三兽蹄足杯座，兽蹄足上饰浮雕兽面纹。座身拱起，边为镂雕缠枝花纹。座顶设一突起圆环，杯底正卡在其中。青玉，棕红—暗紫色沁，并有白斑。整体设计和谐，工艺精湛，造型精美。是我国出土高足杯中的佼佼者，属珍品。应是特种工艺大型高级高足杯，全国未见。

350b（S^{C}_{680}－S^{C}_{718}）为高足杯腹部纹饰拓片，展示龙凤纹及谷纹。

351（S^{C}_{649}）大型龙凤饰玉高足杯（春秋）

通高 21.3cm、口径 9.3cm、腹深 13.2cm、足径 5.8cm

长深腹筒形杯，子母口，方唇，口外侈，向下底圆收。下接一圆锥形圈足。腹两侧饰圆雕一龙一凤。龙身背带一环，作鋬用，双角突出，前肢后置，下身简化。凤鸟展翅贴在腹上，双凤冠也贴腹，曲喙。双足站在一横向飘带上，带卷曲挂一活环，连在腹外，有分鳍纹。圆形盖，带一杯形纽。圆盖外饰上尖三角形纹，作浮雕突起。上琢叶脉纹。总观形象生动，琢工精细。青玉，坚硬，多褐色沁，有风化白化斑。是一件罕见的精品。

352（S^{C}_{497}）灰青色素面玉耳杯（战国）

长 14.7cm、宽 11.9cm、高 3.1cm

双平翼椭圆形腹，浅圆腹外平底。双平耳上有简单阴琢勾云纹。整体做工规正，各部协调，表面平滑，略有光泽。青玉，坚硬，一侧有绺裂并有褐红色沁，边棱有白色斑。透光。

353a 正视面

353b 背面

353ab（S^{C}_{492}）青玉浮雕兽面纹蒲纹玉耳杯（战国）

长 11.5cm，宽 8.7cm，高 2.8cm

舟杯（耳杯）（又名羽觞）椭圆形腹，有两翼。内部素面，有光泽。外部两头为兽面纹，两侧为蒲纹，在蒲纹上见有圆琢的阴线。青玉质，透光差，以红赭－黑色沁为主体，色深，外突处有白斑，为战国稀有品。

354a 正视面

354ab（S^{C}_{621}）谷纹双羽耳圆盘玉耳杯（战国）

通长 19.2cm、宽径 14.8cm、高 2.3cm

浅腹圆盘，方唇口，两侧为羽形平耳，上饰粗卷云纹。似玉羽殇。圆盘腹外饰细勾连谷纹，浅圈足。做工精细，高雅。青白玉，坚硬，玉质有碎粒化，多褐色沁，边缘有白化斑，整器完整。有光泽。是少有的好器皿。

354b 背面

355a

355ab（S^{C}_{681}）青玉螭龙鋬兽面谷纹玉卮（战国—西汉）

通高 15.1cm、卮体高 11cm、口径 10.7cm、横长 16.6cm

圆桶形腹，子母口，三短扁足。腹一侧为圆雕螭龙捧圆环鋬，龙首侧视并扭动身。四肢强壮，卷尾，极为生动。另一侧饰圆雕螭龙扭动身子贴在腹外。对称另两侧饰立体玉兽面，浮雕高起。腹外以勾连谷纹为地，横竖排列。上拱丘形盖，外侧饰勾连谷纹，顶上有倒圈足形捉手，边饰柿蒂纹。纹庄重精湛。青玉，以红褐色沁为主，多白化斑，作微棕白色。除底有一横裂外，全器保存完好。是一件少有的战国至西汉玉卮珍品。巢县东北山头出土两件国宝级西汉玉卮，与此器有许多共同之处。355b 表示杯身侧面螭龙纹。

355b

356a

356b

356ab（S^{C}_{606}）螭龙纹带鋬四足有盖玉卮

（战国）

通高 12.7cm、腹径 8.1cm、壁厚 0.45cm

圆筒形腹，一侧有简化凤鸟形弯曲鋬。另一侧为高浮雕曲身螭龙，方首，后有飘带，有四肢扭动的身，分叉的尾。腹外中段为浮雕，勾连卷云纹，圆粒突起。上下为粗弦纹。平底，腹下有四个长方足。扁圆纽上隆盖，盖边为浮雕勾连卷云纹。黑赭色沁，发亮美观，介以风化白斑。文献中只记述了汉代玉卮（如徐州楚玉墓及巢湖汉墓等），战国这个类型的玉卮，以前没见过，是件难得的艺术品。古代作为饮酒礼器。玉质不明，坚硬，见细密的橘皮纹及器内白粉。完整无损。356b 表示杯身侧面浮雕螭龙。

357（S^{C}_{705}）三凤耳三足直筒腹玉卮（战国）

通高 17.8、腹高 12.4、腹径 9.2、足高 1.6cm

直筒形腹连盖。腹外有三个简化变形凤形耳，长 7.8cm。三耳分开三面均为兽面纹，主兽面纹变形菱形眼眶，小圆目，直形鼻下面呈箭头形，两侧有卷云纹。额头上有菱形网格纹及其他纹饰。腹外下边又呈现一个简化的兽面纹，圆眼目。腹下平底，设三扁蹄足。子母口，平顶盖，上有倒圈足形捉手，盖上面及侧面均饰弦带叶脉纹。底及捉手为黏接。本器总的形制为竖直与横平，制作规正，很有特色，薄胎。淡青玉，坚硬，有棕红色沁，多处开窗。有白化斑。本卮应属稀有的精品，保存完好，本器同（S^{C}_{686}）应为一对，腹径略不同。

358（S^{C}_{686}）三凤耳三足瘦型直筒腹玉卮（战国）

通高 17.8cm、腹高 13.7cm、口径 5.8cm

直圆筒形腹及盖，较瘦身，子母口，腹外有三个弯曲长凤耳。平底，下设三个矮扁足立地。腹外三面主为兽面纹。每面上分三段，上至中段各为兽面纹，浮雕，下段为卷曲纹饰。盖为平顶低筒式，上及边均饰分节叶脉纹。顶接一倒圈足式捉手，连接缝上见红色物，有可能为黏合的。青玉，坚硬，沿裂隙多褐色沁，在耳及口沿有白斑，全器光洁，发亮。这件是稀有器形，保存完好，做工精湛，是一件精品。

359（S^{C}_{475}）红沁谷纹直斜腹壁玉杯（战国）

口径 9.65cm、足径 6.55cm、高 5.8cm、厚 0.45cm

圆平口，斜直腹壁，平底，浅圈足。杯外饰小细谷纹，以竖横排列，2cm 中约 4.2 个。上下杯边有弦纹。杯内及底素面。全杯棕红色沁，足底露原玉，属白玉或青白玉。和田玉，坚硬，有白斑及伴生黑沁，分布不均，略有绺裂。形态古朴。

360a

360b 底面

360ab（S^{C}_{652}）四出菱花玉杯（战国）

高 4.65cm、口径 9.8cm、足 6.3cm

菱花四出形腹，腹直壁向下弧收。菱花形低圈足。平底，制作极规正，但在腹壁有一块残破，已修好。青玉（？），质较软，可见粗粒大结构。多褐—赭色沁及在口沿、足有风化白斑。此玉是罕见的异形玉碗，360b 表示玉杯底面。

361（S^{C}_{516}）谷纹单耳玉杯（战国）

口径 8.8cm、足径 4.75cm、高 4.4cm、连耳 11.5cm

方唇，直口，微弧腹壁，圈足。腹上一侧，接一单耳，6 字环形。较粗，无纹饰。腹外上部为勾连谷纹，下部为柿蒂纹，口沿下及纹饰带间以宽弦纹隔开。腹内无纹。青白玉，坚硬，有不均匀的黄褐色沁，边缘有白斑。

362（S^{C}_{542}）青玉双卷云耳小玉杯（战国）

通长 8.5cm、口径 6.2cm、高 3.6cm

口略外撇，曲腹壁深腹，圈足。两侧有一对卷云式耳。腹两侧有阴线雕琢龙纹，有翼。青玉，坚硬，有橙红色斑状沁及白斑。腹内光洁。

363（S^{C}_{501}）鸭形玉杯（战国）

通长 12.8cm、高 7cm、宽 4.56cm

以长方倭角体形体为腹，一侧是鸭头，另一侧是鸭尾。腹两侧是浮雕四羽叶翅纹。底有一双鸭足。青玉质，坚硬透光，见沿裂绺有褐色沁，有少量白斑。头上有双圆目、卷耳、长嘴、闭口。

364（S^{C}_{512}）带流喂药浅玉杯（战国）

腹外径 8.15cm、足径 4cm、流口长 3cm、高 1.35cm

浅圆盘形，平唇，大平底，浅圈足。带一个开口长流。腹外下有一圈阴线刻回形纹。做工精湛细致，似贵族用以喂中丸药用具。青白玉，坚硬，有少量褐黄色沁，有极少的白斑，表面光洁。

365（S^{C}_{511}）青玉浅腹圆盘（战国）

外腹径 13cm、足径 6cm、高 2.5cm

平唇，斜腹壁，大平底，浅圈足。做工规正，圈足边多显帚尾纹，为手工痕。总体表面光滑平洁，有光泽。淡青玉，坚硬。有块状结构。有澄黄色沁，多沿绺裂缝，深处作赭色，尤其是口沿及足上，并显白斑。保存完整。足略微破损，已修好。口沿下有一圈斜向线带，阳刻。

366（S^{C}_{679}）青玉熊形杯（战国）

长 15.8cm、高 7.4cm、口径 10.5cm 至 7.5cm

长椭圆形水盂状，圆唇，略内敛，器内光洁。外形是熊形，熊头及前身前伸，突出吻部。双圆眼，见齿，双耳后伸，无角。在后部有四只粗壮兽足，有五爪立地。器外多神灵式花纹，卷云纹及勾云纹，阴刻。总视兽形器精神十足，憨厚可爱。青玉，大片褐赭色沁深，口沿、足及头部有风化白斑。

367（S^{C}_{624}）白玉虎凤耳兽面纹大玉樽（战国）

通高 18.8cm、腹径 14.15cm、腹外横径 19cm、盖高 3.7cm，重 1.22kg

圆筒式腹，直腹壁，平底。下接四个长方形低足（足高 1.5cm）。腹外四侧，均等分布一对虎形耳及一对带活环的凤形耳。虎耳长身弯曲，头前、双肢及卷尾均贴在腹上。兽首张嘴无牙，有双耳及一对圆形眼，身上可见阴刻云纹。凤耳冠，前肢及尾贴腹上，勾喙、杏眼，肢上有勾云纹，尾上挂一活环。樽腹外以中间素弦纹带分上下两部，各部均有兽面纹装饰。其兽面纹鼻梁及眉上均饰以分段叶脉纹为特色。菱形眼及小圆目珠，凤形耳按其中间。下部兽面纹外侧有勾云纹，整体均呈低浮雕状。圆盖上鼓起平顶，接一锥形杯纽，盖边饰交错纹。整体腹壁薄（0.2cm），透光。白玉，坚硬，普遍有灰棕色沁，盖上有灰皮，腹上有白化斑，表面有亚玻璃光。其纽、盖、腹及底为分离粘合，四件耳也可能为粘合上的。此玉是一件极少有的精美的楚国玉器，又是礼器中的重器。形态大方、庄重、高雅、古朴。

368（S^{C}_{555}）几何纹饰玉瓒（战国）

通长 20cm、勺体径 7.2cm、高 4.1cm、鋬宽 3.2cm

半球状勺体，直口圆球状下部。外饰阳文三角折线纹，手工完成。宽曲鋬，鋬面上拱，精细刻重圈菱形纹，阴线。赭色沁，原玉质不明。是一件精致的玉瓒，属精品。依文献应属于酒礼器，敬酒礼仪上用此器将酒洒在地下。

369（S^{C}_{529}）白玉玉勺，一对（战国）

通长 7.6cm 至 8cm、小勺 2.45cm、深 1.8cm

带鋬的小斗形勺，勺体平口，下部圆，底略平。鋬长舌形，上面琢刻饕餮纹及卷云纹，阴纹突起，纹饰精细。白玉有棕黄色沁，有白化斑。

370（S^{C}_{445}）土黄沁小玉盖盒（战国）

腹径 6cm、高 7.7cm

深腹圆盖盒，盒盖上鼓，有倒 U 形圆条纽。两弦纹间饰以各种云纹，双线或单线。子母口，内素面，腹外各种云纹与盖上纹相对称。腹下内敛并一饼形足，底略内凹。青白玉，坚硬，以土黄色沁为主，不均匀，表面略有光泽。

十、玉容器——礼器类之一

礼器类是较大型玉容器，一般高从 10cm 到 30cm。玉料及制作（掏膛）工艺极为艰难，所以当时是作为国家太庙中的礼器中的重器。

371a

371b

371ab（S^{C}_{676}）兽面纹立耳带座玉圆鼎

（春秋早期）

通高 22.5cm、口径 14.5cm、腹径 15cm、座径 14.4cm

倭角方立耳，方唇宽口沿外突，缩颈。腹下部外鼓，底中部平。粗大直立柱足，有三扉棱。耳上有云雷纹，腹外两正面为兽面纹，具方眼眶及椭圆眼珠，鼻上有菱形交叉纹，卷云状鼻，横向勾云眉。外有几何纹及云雷地纹，显浮雕。双耳上有一对开窗卷云纹及细云雷地纹。柱足上有云雷纹伴扉棱。圆盘形托座，底下凹进，边有三片形足，上饰叶脉纹，座边有三对卧式凤鸟纹。青玉（？），坚硬，有深赭色沁，器内、座上等均有灰皮，部分去掉。有灰红色风化白斑。玉鼎造型大器，古朴，庄重，应属礼器中的重器。371b 为侧面细部。

372（S^{C}_{637}）青玉兽面纹立耳玉大方鼎（东周）

通高 21cm、长 20cm、鼎身是长方体，长 17cm、宽 11.20cm 至 9.7cm、足高 7.2cm、耳高 2.5cm，重 3.8kg

深腹鼎身，长方体，直上直下。两侧上有一对立耳，下有两侧中央扉棱。鼎身外两面以粗单线及双线阴刻兽面纹。以卷云纹为基础，勾勒兽面鼻梁及嘴。臣字形眼及圆目。额头两侧有一对端兽头部（螭龙？）。腹下有四大柱足，略显上粗下细的锥体，上阴刻兽面纹浮雕。青玉、坚硬，以赭色沁为主体，有不同部位的白斑。总体完整，但有破裂，已修好。玉鼎在玉容器中有极其重要的地位，极受崇敬，是大器中的重器。玉方鼎在古代出土文物中很少见。

373（S^{C}_{643}）**青玉兽面纹海棠式三足玉盖鼎**（东周）

通高 22.45cm、腹径 15.4cm 至 9.6cm、器高 13.2cm、足高 3.25cm，重 2.90kg

海棠形腹，子母口，直腹壁，平底，三个短粗柱形足。腹两外侧竖列扉棱，四个卷云镂雕。正背面大开光兽面纹阴线浮雕，中线两侧对称，可见两侧复眼及圆眼珠。鼻梁纹饰复杂，有卷云纹，中轴中有菱形纹，额头及鼻下有向外放射纹及勾云纹。扉棱两侧有小开光，以深凹的云纹为主体。粗柱足及盖纽下均有双阴线及圆圈纹。盖也作海棠式向上变小，顶上有海棠式中空的纽，两侧有一对卷云纹扉棱。青玉，坚硬，泛深褐色满沁，有白化斑。全器完整，扉棱及正面纹有残损，已修好。是一件创新类型的鼎，罕见。

374ab（S^{C}_{650}）青玉斜立耳扉棱兽面纹玉升鼎（春秋末期）

通高 16.6cm、口径 12.7cm、腹高 6.3cm，b 表示细部叶脉纹。

双斜立耳，上端更外撇。圆腹方唇，上部外侈，下直边，平底。有四条板状虎形扉棱。正背面以扉棱为中心线琢浮雕兽面纹，小菱形眼及小圆眼珠。鼻梁内侧为叶脉纹，向眉上左右延伸。额上还有一平伸叶脉纹带。外饰云纹。腹下三五爪蹄足，较高。腿上琢带叶脉的兽面纹。纹饰形态华丽、古朴、大气、有力。符合春秋蔡国升鼎的特征（见马承源《中国青铜器》P. 42 鼎 85）。另外，其与春秋时楚国升鼎也相似。青玉，可见原岩纹理，褐色沁斑重，局部有白化斑。表面大部分有玻璃光。

本器是春秋晚期的玉器，进一步可以以其上有叶脉纹论证属春秋器物的可能。本器为重要文物，是精品，保存完好。

375（S^{C}_{617}）双人面纹耳兽纽谷纹四足玉方鼎（战国）

通高 15.4cm、长方口 7.8cm 至 5.4cm、腹 8.25.5cm

倭角长方口，方唇，口沿外侈，颈略内束。倭角方腹下收，接一方托板下有四蹄足。方腹两头有人面方耳，上有双角饰。口沿及盖下沿饰交错细阴线纹。腹外两侧为开光的勾连谷纹，长方上鼓盖，顶饰一站立的兽形，双耳无角，尾上翘。青玉质（？），坚硬，灰黄土沁为主，局部露紫色沁，有白化斑（灰皮？）。器形完好，略微残破，已修好。

376（S^{C}_{414}）兽面纹折线纹三足小玉鼎，一对（战国）

腹径 5.7cm、高 6cm

圆腹下收，方口沿有一道凹弦纹内收，有两低方形立耳。三蹄足上方为阴线兽面纹，下为四趾足掌。腹外双阴线琢刻一组折线纹，布满腹部。玉质坚硬，呈棕黄色沁，边棱有白斑。应属少有的精品。

377（S^{C}_{670}）大型双立耳三足兽面纹玉甗（春秋早期）

高 34.2cm、口径 16.5cm、鬲腹径 14.2cm，重 2.6kg

大侈口，方唇，大方双立耳。束腰，下接一个三足鬲形器。鬲足上大下细。大喇叭口中外腰饰一个纹饰带，以简化小龙纹，弯曲上下连续排列，成浮雕。每个大鬲足上有威严的兽面纹。其以长算盘珠状眼，弯曲眼眉，直线形鼻梁为特征。额头上有大菱形交叉线图案。青玉（？），赭黑色满沁，有少量风化白斑或白化斑，表面有玻璃光泽。保存完好，只有上部一大裂纹，已修好。整体硕大及威严，是玉器中祭祀的重器。

378（S^{C}_{652}）双虎耳四鬲足兽面纹玉甗

（春秋早期）

通高 15.7cm、口径 7.8cm、鬲足高 6.8cm

内敛口沿，子母口，口沿外伸，缩颈，圆鼓腹（甑）。两侧两个一面朝外虎身，其脚及头部连腹体上，下挂小活环。腹下平底（缺箅），下接四粗壮鬲足，足仅一半中空，圆形。腹外饰兽面纹，鼻梁两侧为竹节纹，并向左右平伸及弯曲，鼻梁中又饰分节叶脉纹，也向左右伸展。菱方形眼框及小圆珠。鼻下有卷云纹。颈部饰交错线形带，四鬲足上也饰同样兽面纹。上有弧形突起盖，顶上有小杯形纽，边饰交错线带。青玉，坚硬，略见开窗。灰褐色沁为主，分布不均，有白化斑。有玻璃光泽。保存完好，盖有裂及一足有残破，已修好。这是稀有的玉容器，制作精致，仿青铜甗但又有改进。有可能用黏合工艺。

379（S^{C}_{648}）青玉兽面纹双虎头耳活环钵形玉簋

（战国）

高 6.5cm、口径 11.8cm、足径 9.4cm、横长 16cm

圆口，曲腹身，平底，下收成一个低圈足。足与腹可能为黏合。双虎头身，雕工精细，下挂活环。腹两侧饰兽面纹，突出长圆形眼及弯曲的眉，不见鼻梁及嘴。中额头有一长菱形标志。兽面四周中均有浮雕几何纹饰，琢工精细。青玉，坚硬，有灰棕色沁及白化斑，腹外尤以腹内有粉化，口沿及足多细破裂纹。是一件典型的玉簋精品。

380（S^{C}_{551}）青玉双虎耳兽面纹玉盖簋（春秋）

通高 20.5cm、腹口径 10cm、足径 7.8cm、虎耳高 8.4cm，重 1.62kg

簋身高 12. 5cm，口略外侈，方唇，呈子母口。近直腹壁，向下转圜，接一高圈足，呈圆锥形。腹两侧设一对圆雕虎形耳，立虎前肢并，后肢分开，可见茸毛，形简有力。腰两面浮雕兽面纹，线纹刚劲有力，其上有云纹点缀。兽面中轴线有叶脉纹。圈足素面。

簋盖高 8. 6cm，侈口杯形，接一倒高圈足捉手，可置台上作杯用，盖外壁浮雕，有对称的三个凸出椭圆体，上琢刻浮雕兽面纹，其中轴鼻梁上也有叶脉纹，其间有凤鸟纹及上下粗弦纹。

青玉质，坚硬，以赭色沁为主，局部有紫沁，普遍有白化斑。刻纹多粉化，表面呈亚玻璃光。全体保存完好，无损坏。是一件品相好的少有的玉器珍品，庄重、古朴，狞厉。是当时祭祀的重要礼器，盛食物。

381（S^{C}_{665}）双虎头耳活环玉盖簋（东周）

通高 22.3cm、口径 8.1cm、宽 16cm、足径 5.8cm

圆球腹，子母口。两侧双虎头，小耳圆眼目。嘴吐一弯桿，挂一活环。腹正背面兽面纹，具叶脉纹，兽面外侧还有勾云纹等。下接一柱形高外撇足，柄两侧有扉棱。两面均有三角形叶脉纹。盖上鼓帽子形，两侧有扉棱，两面均饰兽面纹，盖顶树一短桿，上接一小杯形物。两侧镂雕凤鸟一对，桿外饰以三角叶脉纹。青玉（？），褐色沁重，有白化斑（淡褐红色）。基本完好，足上有小残已修。（形制似豆）

382（S^{C}_{695}）青玉三兽耳三足兽面纹盖簋（东周）

通高 16.9cm、口径 8.5cm、腹径 13.5cm

团形圆腹，短颈子母口，圆肩，圜底。腹外有三个兽形耳，兽头长，大长双耳，突吻闭嘴。变形曲身贴腹壁外。三兽足有爪，短而有力。腹外三面琢兽面纹，菱形眼，眉大而穹。鼻梁上及沿眉上有分节叶脉纹，较草率。兽面纹上及左右，均有几何纹饰，深浮雕。三兽足上也有兽面纹。圆盖隆起，上有扁圆形捉手。上颈柿蒂纹，盖边又现三个兽面纹浮雕。

青玉质（？），不见露窗，有深红褐色沁，有白化斑。整体保存完整，有破裂，尤以盖裂，修好。

383（S^{C}_{658}）青玉双虎首耳活环三足鼎式玉盖簋（东周）

通高 13.4cm、横长 19.2cm、口径 14.5cm、足高 3.7cm

圆口子母口，方唇，浅圆腹下收。圆盖上隆，上有半环形捉手及挂环。腹两侧有方形虎首，垂直斜腹面，下有一曲捍挂活环。腹下三兽足，现五爪，强壮有力。盖腹外均施勾连谷纹，横列整齐。三兽足上浮雕兽面纹。腹盖的附件有可能为黏合工艺。青玉，坚硬，有红褐色沁，双耳及足多风化白斑。造型优美，纹饰高雅，是一件难得的艺术品，显出高超的制玉工艺水平。

384（S^{C}_{707}）白玉方腹扉棱兽面纹盖簋（东周）

通高 17cm、腹径 6.3cm 至 11.5cm、口径 4.8cm 至 8cm、腹高 7.4cm。倭角长方形腹，椭圆口，窄肩，子母口。腹外四角有四条竖扉棱，由卷云纹组成。平底，底下四角有四片形足，长方形，略向内斜。腹面正背面均为兽面纹，菱形眼眶，小圆目，鼻梁两侧为斜线纹，并延至两眼眉。鼻下为卷云纹，外两侧有双耳。额头上有菱形网格纹，再向上有云纹饰。四片足上均饰有兽面纹。腹另两侧有夔龙纹，卷曲身。椭圆形盖上鼓，顶上一心形捉手。盖边及上为横置的叶脉纹。器总的形制为方形。白玉坚硬，尤以在捉手上显露，多褐色沁，有白斑，器内有棕色粉化物。保存完好。依叶脉纹及网格纹判断为东周时代的玉器，应属精品。

385（S^{C}_{711}）褐沁兽耳八角玉盖簋（东周）

通高 19.7、口径 10.6、腹径 14.4、足径 10.1cm，重 2.4kg

自上捉手、盖、腹及足均为八角形。八角腹，子母口，折肩。腹外直壁，自下收，下接一八角形圈足。腹两侧瑞兽耳，首朝外，四肢着腹，卷尾。八角倒杯形盖，可倒置作杯用。八角平顶捉手，盖两侧均有瑞兽耳。腹外正背面均为浮雕兽面纹，菱形眼眶，小圆目。鼻梁作网格纹，眉作竹节纹，额上有云雷纹，鼻下及边侧有卷云纹。盖外侧为兽面纹，与腹上类同。捉手平顶上有粗阴刻卷云纹。玉质不明，坚硬（青玉？），保存完好，是一件少见的精品。

386（S^{C}_{690}－S^{C}_{691}）双扉棱兽面纹玉盖簋，一对（东周）

通高 14.7cm、口径 8.2cm、足径 6.1cm

杯形腹，作圆筒形向下收，下接一高圈足。两侧有扉棱耳，为卷云形饰，长条形突出口面。子母口，腹正背面为兽面纹，浮雕菱形眼眶，小圆目。弧带纹式鼻梁及眉，边还有几何纹饰。圈足上有向上的尖叶及蕉叶纹（叶脉纹）。玉质不清，较软，略刻动，微酸起泡。棕红色沁重，有风化白斑与伴生黑沁及灰皮（？）。总体规正，纹饰精细，扉棱多受损。

387（S^{C}_{639}）**黄沁三鋬兽面纹玉盖簋**（战国）

通高 18.7cm、口径 9.4cm、腹径 14.6cm、通宽 19cm、足径 8.5cm

圆腹，敛口子母口，下收接一圈足（座），圈足下接三个扁足。腹外设三个粗壮乙形鋬，鋬下边接腹，上部以两圆状物接腹。腹外三面均以浮雕兽面纹。表现小型臣字眼，中有小圆眼珠。鼻梁两边突起，向上左右分接眼眉线，并向上翘起。鼻梁中间以分节叶脉纹，并向上额头分左右伸去。嘴边有勾云纹。腹下有一圈叶脉纹。圈足（座）外为三角纹，其上饰斜线纹。器盖圆丘状凸起，有小杯形纽，纽上有镂空的柿蒂纹，精致。盖面上有三组兽面纹，与腹纹对应。盖纽及圈足有可能为黏合，即四件组合。典型土黄色沁，略见有风化白斑，可能有灰皮。青白玉质（？），器物保存完整，做工精致、规范。

388（S^{C}_{698}）赭沁大型蟠龙纽盖双鋬虎头啣环三足玉盖簋（东周）

通高 31.2cm、横宽 28.2cm、口径 13.5cm、腹径 18.2cm，重 6.35kg

罐形腹，直口，子母口。略缩颈，耸肩，直腹壁向下略收，平底。腹两侧有一对 Z 字形双鋬，折向外伸。鋬下设虎首衔环，鋬边为云雷纹。下接三兽足，爪平伸多趾，足上段浮雕兽面纹。腹正反面为左右对称的夔龙纹及云纹。折鋬又有小圆环连腹，可能为系绳用。圆锥形盖，三兽首衔活环。盖锥平顶上设一具蟠龙，龙头下有长须，后有三股鬃毛及一对有棱的长角。龙身蟠曲，有鳞，腿足有爪，分叉卷曲尾。盖侧面上三面为浮雕扭动的夔龙。玉质不清，赭色沁重。有多处白化斑及蚀斑。器内多粉化。是一件超大型制作规正庄重的精品重型礼器。基本完好。有老化及小破损。

389（S^{C}_{776}）青白玉衔环双龙耳四足海棠身盖玉簋（东周）

高 34.5cm、口径 10.3cm 至 17.2cm、足径 16cm、重 4.3kg

略扁海棠形身，长四瓣状。口两侧两龙头耳，吐长舌卷曲衔活环。平底，下置四兽足，有五爪。足上接一个梯形，似兽面纹浮雕牌。海棠形盖，子母口，盖两侧饰镂雕小兽头耳，并吐花枝。盖顶上平，立一双翼瑞兽捉手。器腹外及盖面前后均饰以浮雕分叉花枝纹，对称排列。腹中间还有菱形纹等。青白玉，坚硬，多处露窗。有褐、棕红色沁斑，突出部位有风化白斑，腹膛内见粉化。表面光亮，保存完好。是一件品相一流的大器，属珍品。

390（S^{C}_{656}）双耳挂环谷纹玉盨（东周）

通高 15.3cm、腹高 8.25cm、通长 22.1cm、腹长 16.2cm、宽 11.15cm，重 1.42kg

长方盖盒形。长方口，子母口。腹向下，盖上均以曲面收。盖顶平，按一方条口挂活环。腹向下收作一平底。四角设短方足，直线条。腹两头设半圈箍形镂雕—浮雕兽面纹耳，下连直角弯曲条接腹面挂活环。长方口，上下严丝无缝。口上下盖及腹上边均饰S形凸纹宽带，盖腹中间均以四横行勾连谷纹（无芽尾），细粒排列整齐。盖上方及腹下边又以柿蒂纹饰之。腹两头有耳无纹。青玉，坚硬，有开窗，受沁重，以暗紫—灰赭色为主，部分有灰皮，多风化黄白色斑。基本完整，仅盖有裂，微损，腹、足有残破，已修好。纹饰华丽、古朴，有神韵，尤以四条边棱曲线及四足设计优美，双耳及纽有特色。应属珍品、重器。

391（S^{C}_{575} - S^{C}_{576}）虎纽双耳素面玉盖豆一对（东周）

通高 17.5cm、宽长 13.5cm、腹径 8.9cm、足径 6.6cm

圆深球腹，素面腹外有弦向坎一道，两侧为勾云乙形双錾。底平接豆足，喇叭形浅圈足，有两翼。上部外突成鼓形圈，以胶固定在腹下。半圆球状盖，上有平盖纽，其上雕一虎形纽，一腿有残破，已修好。总体由三件组合而成，虽无纹饰但古朴，形态可爱。虎纽腿及腹有残伤，已修好。原玉质坚硬，有红—黑色沁，表面有带皱的灰皮，分布不均，另有多处白斑。是一对难得的礼器。

392（S_{631}^{C}）大型青玉双虎头凤耳活环兽面纹盖豆（东周）

通高 29.6cm、口径 16cm、足径 12.5cm、盖身高 15.4cm

全器高大，由独立的豆身、盖及连足座三部分组成。豆身又由豆碗，大圈足及中间“鼓柄”黏合成。豆碗侈口，子母口，向下圆收，内平底。两侧双虎头耳，下挂活环。虎头张口显一排门牙，双耳上尖，小圆目，下须作扁带形下弯曲连碗上，挂一圆活环。碗下有一圈足，粘合一鼓形柄体。圆圈外鼓状，两侧为一对小凤鸟耳，上有弯冠，曲啄及简化卷身。下接一倒置的碗形大圈足，内空。豆碗外饰浮雕兽面纹，菱形眼眶，小圆目。鼻中脊为分节叶脉纹，向上向左右两侧延伸在眉之上，外侧还有几何纹。中鼓节、大圈足、盖及三蹄足上均有兽面纹。大圈足下有圆盘形座，下置三蹄足，足上有六趾。圆盘外有阴刻 S 纹及圆点纹。盖子作倒碗形，上有锥形杯纽，中空，反置可作碗用。青玉，坚硬，局部开窗可见。以棕红色沁为主体，分布不均，有较多的白化斑及少量黑化斑。胎体加工精细，薄胎，可透光。器表面有油脂光泽。总体保存完好，仅在座上有破裂及微残，已修好。高大、复杂、薄胎，比例匀称，艺术性高，造型好，做工精美，具有王者之气，可能是王宫中的珍品重器。

393（S^{C}_{633}）**大型青玉双虎耳兽面纹盖豆**（东周）

通高 30cm、口径 18.3cm、足径 14.5cm、横长 27.5cm

由五节组合：纽、盖、碗身、柄及圈足。盖身间能活动，其他均黏合。豆身作大碗形薄胎，方唇外侈，子母口，内大平底。外弧形腹，同盖一起呈一个完整的圆球体。两侧虎形耳，虎头朝内，四足扒在豆上。虎圆雕，龇嘴见牙，突鼻，双圆目前视。双小耳向上，四肢有四爪，素身仅在肢上有阴刻纹，表示凶猛健壮有力。两正面为浮雕兽面纹，特点是不见嘴，卷云纹鼻，鼻梁中脊平素，其两侧有斜列细纹，向上接左右眉上斜列纹并上翘。特别是额头上有菱形网格纹。兽面纹向两侧又有云纹等几何纹。腹下一周有柿蒂纹。碗体下接鼓形柄，外突，其两侧有锯齿状扉棱。柄上有较小的兽面纹。高圈足作倒碗形，上部有一周菊瓣纹，与兽面纹类同。盖亦作倒碗形，上有小杯形纽，方唇外侈。盖上部为一周菊瓣纹，下为双面兽面纹，类同。青玉（淡青），坚硬，有开窗，多棕红色沁，局部赭红色，分布不均，有明显白斑。全器硕大，属薄胎，整体完整，有微破裂。属珍品重器。本器与上S^{C}_{631}组合盖豆应为一对。

394（S^{C}_{702}）青玉双瑞兽凤纹复耳球腹盖豆（东周）

通高 25.2cm、口径 8.7cm、腹通长 21.6cm、腹径 15cm、足径 12.1cm

扁圆球腹，方唇，子母口，两侧为瑞兽耳似虎或狗。头转向外，四肢立腹壁，卷尾。腹外正背面有左右对称的两个浮雕凤鸟纹，勾嘴，卷冠，多尾分叉，有翼。四周有云纹。下黏合一个高圈足形柄，其两侧有凤鸟纹耳，两面为卷云纹组成的箭头形几何纹。拱起形盖，上有蒜头形纽。盖上有卷云纹组成的箭头几何纹（同柄）。青玉，棕色沁，局部赭色，有白化斑。基本完整，身有破裂，盖破残较多。是一件修好的礼器精品。

395（S^{C}_{722}）蟠龙纽三兽耳三足玉盖盂

（春秋）

通高 17cm、口径 10.7cm、足高 4cm

盖与腹连成竖立鼓形，上下平，中略外鼓。三耳为朝外的兽身（龙形），腹下三足，上有浮雕兽面纹。盖上平顶上设一蟠身龙。盖及腹三面主体为兽面纹，兽面上有明显的叶脉纹。腹上部兽面纹之上，有成对侧面的夔龙纹。全器以黑沁为主，似黑漆古，边缘有风化白斑。器内有粉化。总体保存完好，有小破裂。是一件盛食物的玉器。

396（S^{C}_{647}）兽面纹双扉棱圆腹玉盖盂

（战国）

通高 13cm、口径 15.5cm、足径 10.5cm、腹高 8.8cm

圆腹，平伸沿，直腹壁，平底，外侈圈足。腹外有两扉棱（卷云纹镂空雕）。以此为中心，构成其两侧开光，示兽面纹。以扉棱为中心，鼻梁两侧还可见叶脉纹。上两侧见菱形眼眶及圆眼珠。外侧各饰浮雕一夔龙侧身纹。上鼓的圆形盖，杯形纽。盖外边饰分节的叶脉纹。不全的子母口。总观纹饰较完美，但不够精细，有小损坏。黄色玉，玉质不纯，略软，可划动。棕黄色沁重，可见风化白化斑。

397（S^{C}_{593}）兽面纹兽头耳玉盖罐

（战国）

通高 16.6cm、口径 6.16cm、腹径 9.4cm、足径 6.5cm

圆唇略外侈，子母口，倒锥形颈，耸肩，直腹下收接低圈足。杯形盖，上接一实心圆锥形纽，平顶。颈两侧有一对似狮形兽头耳，下有粗纹胡须。腹正背面饰兽面纹，斜眼，鼻梁接眉，下有三角形纹饰。其两侧为粗卷草纹。盖外也饰缠枝卷草纹。坚硬玉质，深褐色沁，有明显白化斑。器型完整，表面光亮。

398（S^{C}_{615}）人面双耳兽面纹谷纹圆锥形玉盖罐

（战国）

通高 12cm、口径 5.4cm、腹径 9.9cm、足径 6.6cm

方唇，子母口。圆锥形颈腹，颈两侧方形人面形耳，作臣字眼，卷云大鼻，龇牙，上头双耳。锥形腹上部两面为兽面纹，双圈圆眼珠，圆嘴，额头上有细网格纹。平底，下接矮圈足。腹下部为斜列勾连谷纹。双耳下有平行水平的粗肋骨纹。半球形盖半圆纽，外侧为兽面纹。青玉，坚硬，有黄土沁及暗紫红色沁。

399（S^{C}_{750}）人面双耳兽面纹谷纹圆锥形玉盖罐（战国）

通高 13.6cm、口径 6.3cm、腹径 9.8cm、足径 6cm

圆腹下大上小的三角形，圈足，腹两侧设两个人头形耳，面目清晰，其下腹边显肋纹数道。腹正背两面为兽面纹浮雕，其下为谷纹。圆盖，具平顶的倒锥形纽，外侧有一圈凤鸟纹。黑赭一褐色沁深，略见风化白斑，完整。仅圈足上有伤。本器与S^{C}_{615}为一对。

400（S^{C}_{613}）双半环耳谷纹玉盖罐（战国）

通高 13.4cm、腹径 6.6cm、底径 4.4cm

方唇，子母口。短缩颈，直腹壁下收，耸肩（折肩），下接一低圈足。肩上为回形纹（云雷纹），腹部主纹为勾连谷纹，谷粒突起，无旋回纹。平顶盖，半蒂形纽，边饰回形纹。蒂上有略微残破，已修好，青玉，赭色沁深，有白化斑。

401（S^{C}_{553}）白玉黄沁直腹谷纹罐（战国）

通高 16.2cm、口径 7.55cm、腹径 7cm 至 10cm

方唇口，圆肩直腹向下收缩，平底。腹外饰谷纹，谷纹有旋尾，有的似乳丁纹。由于腹径向下变小，谷纹大小及排列，也向下变小及变密。白玉质，坚硬、透光，以土黄沁为主体，腹下有块状红沁，并有白斑，白斑伴有褐黑沁。有微裂，品相较好。

402（S^{C}_{505}）白玉褐沁谷纹玉罐（战国）

口径 7.5cm、腹径 9.2cm、足 8cm、高 11.25cm

方唇，短缩颈，耸肩，斜直壁略下收，平底。腹外勾连谷纹（涡纹），竖横排列整齐。白玉，坚硬，受不同程度的褐沁，突出部位多赭色沁及白斑，分布自然，有破裂，局部透光。

403（S^{C}_{752}）骷髅耳三足玉罐（时代未明）

通高13.3cm、口径7.7cm、圆腹径10cm

圆腹，圈唇口，下接三尖圈足。腹两侧为两个骷髅形耳，双眼洞可系绳。正背面有刻划的两字，不识（有可能为后刻）。制作以厚壁圆浑为特色，玉质较软，可刻动。有棕黄色沁小黑色沁，不见风化白斑。多处有破损，已修好。

404（S^{C}_{715}）八螭四兽足玉盖罐（东周）

通高21.4cm、口径11.8cm、腹径13.7cm，重2.7kg

直筒腹，向下增大，底收圈底。腹外竖列六条螭。两条一组，一组中两螭尾部向外侧卷曲并同相邻螭尾接，形成U字形。该螭方嘴，圆眼，头后有双耳及鬃毛，四足卷尾，身上有纹饰。罐腹口沿有云雷纹。腹下三兽足，见四趾，腿上有兽面纹。盖上鼓，中央有蒂形纽，盖上有两尖头螭，头尾相追，其余同腹部螭。盖口沿有云雷纹。玉质较软，能划动。盖面多花斑纹，与原玉岩质不均有关，浅色部分酸起泡。全器有赭—黑色沁，有明显的风化白化斑，粉褐色。保存基本完整。是一件罕见的器形，暂作罐。

405（S^{C}_{651}）无柱无鋬兽面纹凤纹圆形玉爵（战国）

通高 13.6cm、口长 13.5cm、腹径 8.3cm、足高 4cm

圆体腹，圜底，外撇喇叭形口。有长流口，流口下有一脊棱，缩颈。三外撇刀形足。省去柱及鋬、尾等。口沿外为兽面纹，两侧凤鸟纹及伴生云纹。浮雕兽面纹及菱方形眼眶、长鼻梁，下部双勾，向上，向左右伸并弯曲。上还有短左右伸的饰纹。凤鸟曲喙，有冠、曲身及尾分支。腹两侧为兽面纹，大致同上。鼻饰更复杂，外侧为凤鸟浮雕。正背面之间有心形纹。浮雕极为精细，减地琢成，满纹。整器由整块玉料琢成，无粘合痕。白玉透光，以橘红色沁为主，分布不均匀，有白斑及伴生的黑斑。

406（S^{C}_{667}）青玉兽面纹觚（战国）

高 16.5cm、口径 8.9cm、腹径 8cm、足径 5.7cm

大长喇叭口，两侧有一对简化的扉棱。口沿下为柿蒂纹。其下方为侧面的夔龙纹，小圆目，浮雕。圆球形腹，浮雕兽面纹，鼻梁有分节但不显叶脉纹。外多种纹饰伴随，做工极精细。下接高圈足，倒喇叭式，有两侧扉棱及柿蒂纹。整体比例匀称，口、腹及足有可能为三部黏合，青玉（？），坚硬，上部以黑色沁为主，腹下为棕黄色沁，有风化白斑。整体完整，喇叭口上有残损，已修好。是一件美雅的小型礼器，饮酒时用，外貌近似大口尊。

407（S^{C}_{704}）赭色沁兽面纹玉觚（西周？）

高 12.6cm、口径 6.35cm、腹径 6.5cm、足径 5.7cm

尊体形，外侈喇叭口，圆腹外鼓，高圈足。口上沿上有五条斜列深饰沟纹，口沿外有阴刻三角纹。长颈外饰倒三角平行纹。鼓腹上下均为方云雷纹，正背面为兽面纹，斜方眼眶，圆目，大卷云鼻，额头及另两侧均有斜方饰纹。赭色沁重，有风化白斑。保存基本完好。

408（S^{C}_{616}）三旋扭半环耳兽面纹三足玉觯（战国）

通高 14.5cm、口径 7.6cm、底托盘径 7.5cm

方唇，子母口，口沿略外撇，略缩颈。圆腹（内部底抬高），下按一圆盘状托板，其下有三小方足。腹两侧有半环状耳，素面。圆盖鼓起，上有三叶旋转式纽。腹外下部为双兽面纹，口沿下及盖外侧为三角形树枝状纹（杉树状纹）。玉质不明，坚硬。以土黄沁为主，并露内部红棕色沁。形制少见。

十一、玉容器——礼器类之二

此类礼器为酒器和水器，也是玉容器中的重器。

409（S^{C}_{689}）青玉双虎尊（东周）

通高 28cm、长 30.4cm、宽 8.6cm，重 5.6kg

椭圆形容器腹，向下略收缩，两侧喙口下弯，总体腹似元宝形。上为复口，内子母口，置盖，平底。两侧设圆雕虎头，一侧为大虎头，高达 13.5cm。首向前，张嘴露牙吐舌，双耳向后，眼前凸。下有颈及前肢带爪，一肢向前，另一肢缩后。另一侧为一小虎头及前肢，仅高 8.2cm，形纹相似。尊腹前后面均为浮雕凤鸟纹，似在空中飞舞，形象生动，边上还有许多勾云纹等点缀。上置一椭圆形平顶盖，盖上为倒 U 形提把。提把边饰扉棱，盖两侧为镂雕夔龙纹。盖两面浮雕左右两幅虎纹。提把上饰一系列阴刻勾云纹。提把内为镂雕夔龙。青玉（？），不见出露。土黄棕色沁重，一侧大虎头部分多褐红色沁。局部有风化白斑。总体保存完好，盖曾受裂，已修好，边棱有损。这是一件极少见的尊体艺术品。纹饰雕工精湛，形硕大而重，应属站立重器之一。

410（S^{C}_{693}）青玉双凤盖尊（东周）

通高 29.5cm、口径 7cm 至 8cm、腹径 7cm 至 12.5cm、足径 5.8cm 至 8.2cm

扁圆腹，向上缩颈，口微外侈，子母口，低圈足。尊腹两侧设对称大凤鸟，脸面向外，背靠尊腹。凤两四叶翼，长卷尾及立地足与爪，均贴在尊腹面，作圆雕突起。凤首见双眼、双耳、勾喙及颌下卷饰。下接长圆颈，颈下也有一上卷饰。凤鸟羽翼及尾上均饰斜列纹，示羽尾。椭圆口沿下还有浮雕飞舞的凤鸟纹。拱起圆盖，外饰浮雕兽面纹，上有乳头形纽。整体设计美观，大气，艺术性强，工艺精湛。青玉，坚硬，有开窗可见，褐赭色沁较深，多处有风化白斑。整体保存完好，是一件大型玉尊珍品。

411（S^{C}_{662}）青玉兽面纹双凤耳出戟大口玉尊（东周）（修复件）

高 19.13cm、口径 12.3cm、腹径 10.8cm、足径 9.8cm

喇叭口，方唇，中间鼓腹，高圈足。两侧自中腹到颈饰长形变形凤鸟耳。曲喙，有冠，圆身有背鳍（扉棱），尾分叉倒立。面朝里，吻部及尾连在腹上，有突出的特色。腹正面及背面均饰兽面纹。其上有鱼鳞纹，“兽身”两侧耳下也有兽面纹。凤鸟首颈上也有阴刻纹饰。尊前后面有六条出戟扉棱。在鼻梁的两侧，有叶脉纹。青玉，坚硬，有黑灰色沁，表面多灰皮，一层雾蒙蒙的灰白色。阴面又多黄褐色铁锈染沁色。不见白斑，是一件难得的重器，有王者之气。扉棱具有商代遗风。但又是一件大残器，已破成数块，现拼合成形。

412（S^{C}_{700}）六扉棱出戟兽面纹大口玉尊（东周）（修复件）

高 19.2cm、口径 12.8cm、腹径 14cm、足径 9.8cm

略胖觚形，大张口，鼓腹，高圈足。自口沿至足平均分布六条竖扉棱出戟，以卷云纹组成。以扉棱为鼻中脊，示三个兽面纹。左右菱形眼眶，小圆目。鼻梁扉棱两侧，有三节半叶脉纹。额头上有鱼鳞纹，横眼眉，外有云纹。尊形粗犷、古朴、庄重。玉质坚硬，为杂玉，以灰及灰黑色为主，表面又有棕黄色杂质污染。沁色不明，似有灰皮。同（S^{C}_{662}）大口尊应为一对。是一对罕见的大型祭祀礼器。

413（S^{C}_{642}）青玉双虎头耳活环扉棱夔龙兽面纹瓶形玉盖尊（战国）

通高 44.1cm、器身高 31.5cm、盖高 12.7cm、口径 10.3cm、腹径 12.4cm、足径 10.2cm、重 5.82kg

圆口方唇，略外侈，子母口。直颈，下略外撇，折肩。桶形腹，中鼓。底弧收接一圆锥形高圈足。颈两侧为一对虎头耳，面向外。嘴下曲须，连在腹上，挂一外径 5.6cm 的活环，斜垂肩部。腹两侧有一竖排扉棱，为缠枝镂雕纹，下又挂一对活环，径 4.6cm。以扉棱分开腹两面开光，浮雕左右对称夔龙一兽面纹。夔龙雌雄各两对，面相向。下接一卷云纹鼻子，构成兽面纹。一对雌夔龙压在上面，螺纹小眼及嘴，上有卷曲大冠，身短弯曲，身上有竹节纹。雄夔龙在下，略露首部。全身 S 形扭曲，上饰平行线纹，示有四个卷曲的鳍足。兽面纹上有叶脉纹及倒三角纹。在腹下部双雄夔龙中间饰有卷云纹及锚形物。整体浮雕精细美雅，颈及盖的两面的浮雕是行走的螭龙纹。倒杯形盖，除浮雕龙纹外，两侧也有镂雕扉棱（卷云纹），小杯形纽。

青玉，坚硬，有褐赭色深沁，多风化白斑。总体保存完好，扉棱及面上略有断裂及破损，已修好。总体是一件超大型罕见的精细雕琢精品玉器，由纽、盖、颈、腹及圈足五件组合（部分黏合）而成，外形似瓶，应属超高的重器。

414a

414b 上粉腹部纹饰

414ab（S^{C}_{784}）白玉象鼻耳活环扁圆腹瓶形盖尊（东周）

通高 47cm、宽 18.6cm、厚 8cm，重 5kg

方唇，缩颈，溜肩，椭圆腹，中间略外鼓。下收，接一长方圈足（黏接）。口沿两侧有一对象鼻耳，下挂活环。长椭圆盖向上收，上接一倒立圈足，可作杯用。盖边有一接卷云纹扉棱。腹正背面分三段纹饰：上段为兽面纹，大而凶，臣字眼，圆目，直鼻梁，两眉横伸并卷曲。卷云形鼻，嘴边见一对小尖耳。两颊有 S 形纹，以云纹为地。中下段为凤鸟纹，中段两鸟相对，下段则两鸟面相背。配以几何纹及云雷纹地。器盖外侧也以简化鸟纹及云雷纹地。白玉，坚硬，有开窗。棕红色沁为主，风化边棱有白斑及伴生黑沁。是一件品相一流的玉容器珍品。

415a

415b 上粉 腹部纹饰

415ab（S^{C}_{787}）青玉象鼻耳活环圆腹扉棱凤鸟纹葫芦盖瓶形尊（壶）（东周）

通高 43.8cm、口径 8.7cm、腹径 13.5cm、足径 9cm，重 4.4kg

圆腹，子母口，略缩颈、耸肩。圆直腹壁下收接圈足。颈外有象鼻耳一对，挂活环。从上至下设四条卷云纹扉棱，分腹外为四区，各区分上下段。上段为凤鸟纹浮雕，下段为几何纹。上下均以细方形云雷纹为地。锥形盖，其外除扉棱外，以几何纹及细云雷纹为饰。其上设一大葫芦形捉手。纹饰极为精细规正。青玉，多处开窗，多褐色沁及少量白斑。保存完好。

416（S^{C}_{614}）双凤耳兽面纹玉盖壶（战国）

通高 26.5cm、口径 7.65cm、腹径 12.5cm、足径 8.9cm、重 1.72kg

方唇、子母口，直颈向下放大作锥形。接折肩，大圆腹，直壁，下接一高圈足。颈侧饰一对面向外的凤鸟，冠、翼及尾连在颈上。腹两面均饰兽面纹，其中鼻梁有分段的叶脉纹，兽面的眉上也有横向的叶脉纹。盖顶平接蒜头形纽，盖外侧饰叶脉纹。青白玉，以浅红棕色沁为主体，有白化斑及黑灰色沁，是一件精品容器。原有一对。

417（S^{C}_{604}）赭沁双箍圆腹玉盖壶（战国）

高 22cm、口径 6.8cm、腹径 10cm、足径 7.2cm，重 1.45kg

圆唇，子母口，束颈。颈中下部有两道箍形弦纹，箍上有断纹，下接圆腹，长圆形，阴刻卷云纹遍身。低圈足，赭色沁重，遍身。不见原玉开窗。玉质坚硬，有粉红色白化斑，纹沟多白粉。锅盖式盖，有圆蒂纽，边有断纹。

418（S^{C}_{709}）白玉红沁椭圆腹兽面纹四足提梁盖卣（东周）

通高21cm、口径6.8cm至10cm、腹径8.8cm至13cm，重1.85kg

椭圆口及腹，下垂腹，下接四蹄足。底平略下鼓，子母口。椭圆盖上鼓，接一捉手。提梁粗内平外圆弓形，接腹外两侧兽头耳。前后腹面，盖两侧面及提梁外侧共七处兽面纹，以腹面上段兽面纹突出一倒梯形鼻梁为特色。多菱形眼眶，小圆目，卷云鼻饰。云雷纹、斜列纹及竹节纹多用，还有网格纹。浮雕精湛。白玉质坚硬，普遍为棕红色沁，少量风化黑斑，器内有粉化。以上兽面纹鼻梁上的倒梯形突起可能为简化的牛头饰件。本器以圆曲线为特色，形制、纹饰、色彩均具上等。保存完好，为一件罕见的珍品。

419（S^{C}_{703}）赭色兽面纹扉棱圆腹圈足提梁玉盖卣（东周）

通高22cm、口径8.8cm、腹径12cm、足径8cm，重1.03kg

圆腹，向上过渡为锥形颈，子母口。平底，下接圈足。两侧从腹至足均有扉棱，由卷云纹及“上字”纹组成。颈两侧外伸两个瑞兽头（双耳无角、突吻不见牙），其头颈上套一宽提梁，即其两端为套大孔，可活动。提梁曲，略高于盖顶。断面外侧圆形，内侧平，宽达2cm。其顶上为兽面纹，其他部分为几何纹。两兽头有可能为黏合在卣腹上。卣身颈部及腹均分段为兽面纹。为重圈眼目，直鼻梁，以斜线饰眼眉，多卷云纹饰及斜方格纹饰。腹上兽面纹上方及圈足外有方云雷纹。高盖，有外突的边棱，顶上有四条扉棱及饰兽面纹。盖边为云雷纹饰，顶上置一短柱尖头的捉手。青玉（？），赭-褐红色沁重，有风化白斑，似灰皮，卣内有粉化残留。整器设计完美协调，古朴美雅。为罕见的珍品，保存完好。

420a

420 b 侧面铭文

420 c 侧面铭文

420abc（S^{C}_{646}）青玉大型牛首饰铭文兽面纹玉方罍（东周）

高 31.2cm、长 23.2cm、宽 11.1cm、口径 8cm 至 15.5cm，重 4.745kg

长方形腹，向下略收。方唇，子母口，长方形直颈，折肩成平肩。两侧为平面镂雕龙首耳，见卷曲身及曲尾。正背面中央为牛首圆雕，双耳、双眼及双鼻子清晰，双角左右平伸，略弯曲。腹直外壁向下略内斜，平底。四腹角置四条扉棱，由六个卷云纹镂雕成，腹正面的主纹为浮雕兽面纹，长圆形眼及弯曲眉（不连）。鼻梁纹饰复杂，鼻头卷曲外，中间多勾云纹。地子为云雷纹，腹上部有一对头朝内的侧身夔龙纹，示竹节纹的卷曲龙身，纹饰极为精细。长腹两端为阳文篆字（见420b、420c），精琢端正。腹下为一外侈的方圈足，其正面为斜方勾云纹及边作扉棱，卷云纹二节。腹与圈足为一整玉琢成。器盖作长方形屋顶式。主体为平顶的长方形，具斜的四扉棱（三节卷云纹）。正面及两头均为勾云浮雕。顶上立一方柱及平顶屋式纽，表面阴刻云雷纹。

青玉，坚硬，局部开窗可见。有斑状结构。多褐红色沁斑。在扉棱、边及底多风化白斑。总视形体硕大，工艺精湛，纹饰美观，是礼器中的顶级重器，是高级的艺术珍品。

421（S^{C}_{592}）兽面纹四足玉方罍（东周）

通高 11.3cm、腹径 4.5cm 至 8.7cm（长方）、足高 2.2cm

长方形腹及盖，从口沿向上、向下均作斜直线收缩。平底及平盖顶，底下四方斜足略外撇。子母口，盖顶上接一个方锥形实心纽，可反置案上。器正背观为兽面纹浮雕，可见鼻梁、眉及突起长双眼。以方云雷纹为地纹，腹两头以突出的兽面纹，有大斜眼及卷发等。盖面正背面也饰兽面纹及云雷纹，不见眼。造型及纹饰极为古朴，显示庄严，应仿古青铜器。坚硬玉质，普遍受灰褐色沁及白化斑，表面多蚀斑及蚀孔。一足有残破，已修好。是一件虽小但极为稀有的玉器珍品。

422（S^{C}_{697}）兽面纹扁圆腹壶形盖玉盉（东周）

通高 20.3cm、通长 24cm、扁圆形径 13.4cm、通宽 24cm、口径 3.8cm 至 6cm、足径 4.2cm 至 8.1cm

壶体作扁圆，上设长方口，缩颈，子母口。上有长方盖及其上长方小捉手。壶体下为长方圈足。壶体扁圆，一侧圆雕一螭虎，咧嘴露牙，竖双小耳，四足及尾贴壶边侧。虎瘦身有神。壶另一侧在中间伸出一圆管形曲流，蛇头首，中空可通水。流上下均有卷云式扉棱。壶体两正面为浮雕兽面纹，圆腹面周围为连续云雷纹。中间上下三段，中段为兽面纹，椭圆横双眼，一对 S 形鼻梁，平伸眉，还有勾云纹；上段为几何云纹，额上突出菱形饰，中为斜方格纹。下段为一对三角云雷纹。玉质不清，属青玉的可能，有灰褐—赭色沁及白化斑。总体完整，有破损，已修好。这是一件仿青铜器盉的品相良好的罕见玉盉。应列为珍品。

423（S^{C}_{609}）虎形鋬长颈三足玉盉（东周）

通高 21.7cm、口径 6.6cm、腹径 8.8cm

圆口，方唇，子母口。长颈内束，圆腹，三蹄足。一侧饰一虎形鋬，面朝外，张口露牙，前双肢及后身接盉腹。另一侧置一圆管形直流，不通水。颈部外饰三角形阴刻云雷纹，盉腹外饰兽面纹及勾云纹。蹄足上也饰小兽面纹，总体设计和谐，强壮有力，古朴可畏，琢纹较粗糙。半圆形盖，拱起，半圆形纽，外饰阴刻 S 形纹。青玉，坚硬，普遍受赭色沁，局部有风化白斑，作粉红色。是一件容器式礼器。

424（S^{C}_{263}）凤纹把小玉盖盉（战国）

通高 5.6cm、腹径 5.1cm

圆腹，下收。一侧有凤纹把，以凤头为主，一侧有一筒管形流，中有透孔。盖鼓起，上有半球状纽。高圈足外撇。子母口，上下有弦纹，做工精良。受褐黄色沁，具白斑。

425（S^{C}_{678}）青玉红棕沁三兽形怪人耳三足盖瓶（战国）

高 18cm、口径 5.5cm、腹径 8cm、足径 5.5cm

瓶子母口，方唇，缩颈，耸肩。筒形腹向下收接圈足。瓶上部平口沿，饰圆雕三个兽形怪人体，面朝外。兽头有长卷的双角，双立耳，竖鼻，头下部出现双眼及嘴。露突双乳及大肚皮。外张四肢，上肢上举有茸毛，下肢蹲坐叉开，均具兽爪，有分叉卷曲小尾。瓶腹外浮雕夔龙及穿云螭龙纹。圈足外饰三兽足，蹲坐姿有兽爪。盖分上下两接，可能为后黏合。下部圆鼓起，外浮雕凤鸟纹。上部捉手，下为一圆盘，上圆雕蟠身螭龙。总体设计美雅，雕琢精细。淡青玉，大部出露，有棕红色沁，分布不均，在外突及边棱沁加深，出现略紫及少量风化白斑。整体保存完好。表面光洁温润。应是一件玉容器中的珍品，形制稀有。

426（S^{C}_{660}）青玉深红沁双虎耳兽面纹圆腹玉盖瓶（东周）

通高 18.6cm、口径 6.5cm、腹径 9.2cm、足径 6cm

方唇，子母口，近直颈，向下成近圆腹，下收，接一浅圈足。颈两侧设双虎形耳，虎圆雕，四足及尾接腹壁。首后仰并下垂，嘴上衔一“仙草”。虎形精巧生动。圆丘式盖，上有小杯式捉手。从盖到腹下，共设三层兽面纹，菱形眼眶，小圆目。鼻梁上有分节叶脉纹并弯曲到眉上。腹外兽面纹上有简化凤纹及夔龙纹。在双耳还有叶脉纹，青玉质，有开窗。多处大片枣红色沁及黑红色沁，色美艳有光泽，在腹外口沿、双耳多风化白斑。基本完整，是一件比例协调、纹饰精湛、色彩优雅的玉瓶珍品。

427（S^{C}_{627}）青玉兽面纹双耳扁圆玉盖瓶（战国）

通高 23.2cm、宽 8.6cm、厚 5.5cm、口径 3.2cm 至 4cm

小口，略缩颈，子母口。扁圆长腹，低圈足，颈双侧有一对扁条形耳，上部外伸，直下弯曲连颈上。瓶外肩上饰柿蒂纹。中间正背面为兽面纹，菱形眼，圆目，有卷云形鼻孔，鼻梁及眉上均有斜列纹。额头上菱形网格纹。下部有勾云纹。腹下为系列叶形纹。两侧耳下为几何形浮雕纹。瓶盖突起，顶上有扁蒜头状纽，盖外侧为羽状叶脉纹。颈与腹间有缝，有可能为后黏合。青玉，坚硬，有不均匀的褐色沁，局部有白斑。

428（S^{C}_{641}）小型兽面纹双耳扁圆玉盖瓶（战国）

通高 15.6cm、腹宽 6.2cm、厚 3.5cm

圆扁瓶，缩颈，肩部有一对简化兽形耳。腹身向下变小，下接一圆饼形足，略内凹。腹两面浮雕兽面纹。卷云式鼻头，鼻梁上为网格纹。有一对变形菱形眼眶及圆眼珠。眼鼻上有粗横向眉（角？）向左右延伸及卷曲。其上又有向外放射纹。鼻下长横扁嘴。示外伸一对尖牙及四个门牙。口沿及盖下边均为尖角形斜列线纹。盖上凸起，有扁圆形纽。兽面纹制作精湛。棕黄色，玉质坚硬，透明。有绺裂并沿裂，多褐色沁。口沿上下及两耳、足跟有白黑色风化斑。

429（S^{C}_{644}）青玉双虎耳兽面纹深腹玉盖瓶（战国）

通高 18.6cm、口径 6.5cm、腹径 8.4cm、足径 6.9cm

方唇，子母口，短缩颈，耸肩。圆腹，上腹大，挺胸，向下收成美人腰，至足略向外撇，低圈足。肩下两侧一对耳，为简化螭虎身，其尾、前肢及首连腹体，面朝外。腹上部两面为兽面纹，具菱形眼及圆眼珠。鼻梁向上从眉带向左右伸并上翘。鼻梁中脊为分节的叶脉纹，并向上左右分延到眉上。下腹为尖叶叶脉纹。低平盖小环形纽，盖缘为分节叶脉纹。本器设计比例匀称，美观。青玉，坚硬，有褐红色沁，局部有白化斑。是一件美雅无损的立件，罕见。

430（S^{C}_{699}）三兽耳弦纹玉瓶（战国）

高 17.2cm、口径 8.8cm、腹径 9.1cm、足径 5.5cm

橄榄形腹，外侈口，方唇，缩颈，圈足。自口沿至颈设置三个兽耳。外伸兽头吐卷曲纹带。腹外均为弦纹，其他部分为素面。玉质不明（青白玉？），坚硬。有棕色沁及黑晕边的白化斑。抛光亮，保存完好，小伤补好。形制新颖，未见文献。

431（S^{C}_{701}）赭色沁双羊耳衔环夔龙纹折肩玉瓶（战国）

高 23.4cm，口径 9.1cm，腹径 13cm，足径 8.3cm

锥筒形腹，向下收，折肩。略缩筒形颈，微侈口，圈足。颈两侧双耳羊头衔环，圆目，头上有鬃毛，卷曲，尖嘴，活环较粗。颈上正背面有高浮雕和舞蹈的螭龙。分叉卷尾，有中脊，身向上，头向下。腹外为飞舞的三个夔龙，钩鼻，卷冠，嘴吐一花，扭动身子。有中脊，四肢分叉卷尾。浮雕，地为细横竖向纹。上下有弦纹。青玉（？），坚硬，赭色沁重，有白化斑，表面老化明显，瓶内有粉化现象。

432（S^{C}_{717}）白玉八螭瓶（战国）

高 16.3cm、口径 6.6cm、腹径 10.2cm、通横长 13.2cm、足径 5.4cm，重量 1.75kg

直口，略外侈，无颈折肩。直腹壁向下内收，平底。腹壁外圆雕八只螭。这些螭以不同身姿飞舞、翻滚，随意分布，总视形象生动传神。螭头梯形嘴脸，见双眼及双耳无角，扭动的细身，见背中脊纹。四肢强壮有力，见足三爪，卷尾有分叉。白玉质，微青黄，较软多裂，有不均匀分布的浅红褐色沁，多处露胎。突出部多风化作成黑色，略有白斑。全器保存完好，局部有裂纹。这是一件螭雕玉容器，做工难度较高。

433a

433b

433ab（S^{C}_{799}）白玉八角直身瑞兽耳铭文盖瓶（战国）

通高 27.5cm，宽 16.7cm，口边长 9.1cm，足边长 7.2cm

八方直身腹，两侧瑞兽耳，挂活环。瑞兽头向外，四肢趴在腹壁上，头有双角，身上有卷曲纹。瓶身分四主面及四角小面，除两侧没耳外，前后大面的浮雕上为一对夔龙，下为一对凤鸟，身以直角弯曲几何纹相连，以雷纹为地。四角小面各为篆文阳字竖列八字，大部分可认。腹下接八角形圈足，素面。上接八方形盖，盖座上有螭龙纹纽，圆雕。盖边面以一对夔龙纹浮雕，边角面各有阳文篆文，共 4 个字。白玉一青白玉质地，受黄一红色沁突出部有白斑及黑色晕。总体形制独特，琢工精湛，有 36 个字铭文，保存完好，应属珍品（文字待考）。

434ab（S^{C}_{800}）白玉云龙纹高圆缸（清代？）

通高 19.5cm、口径 16.8cm、腹径 16.3cm、足径 11.8cm，重 3.2kg

圆腹缸形，中部略鼓出。大圆唇外突，平底内凹。腹外壁浮雕三游龙及周围云彩。龙身 S 形扭转，身上有鱼鳞纹，背上有脊，腹下有节纹。四肢强壮，有四爪似鹰爪，肢上有肘毛，龙尾细长接三股火焰纹。龙首有三股后扬的长鬃毛，两分枝角，两小耳，张嘴见牙，小圆眼珠，上有三叉眉，鼻子突出，两边有一对长曲须，下有须毛一束。外面多卷云朵及平伸长波状云彩。和田白玉，已在开窗见到。多黄色、白色及橘红色沁。总体有气派，庄重，琢工精湛，属少见的玉缸（盛酒器），应属精品。该龙纹的纹饰形态，属清代的可能。

435a 正面

435b 斜视

435ab（S^{C}_{710}）四兽耳平盖方体玉冰鉴（战国）

通高 13.5cm、方盖边 13.8cm、方腹边 12.5cm、足边 8.1cm，a b 示正面及侧面视

方体腹，直腹壁向下圆收，下接一方形浅圈足，腹四角立四瑞兽。花边正方平盖，厚重。其四边由小方块组成，中间有正方高起，其四角有四个小圆环，可系绳。子母口，口沿略外侈，四腹面有四幅浮雕变形凤鸟纹。盖上方块上琢深粗阴刻卷云及圆圈纹。玉质不明，以红褐沁为主，局部有风化黑沁斑及白化斑。保存完好。本器可能为弧品，仿青铜器冰鉴（见湖北随县曾国墓出土，战国），是一件玉冰鉴珍品。

十二、红山文化玉器类

红山文化玉器有玉猪龙玦及各种祭器牛神玉雕件[①]。

436（S^{C}_{580}）大型玉猪龙玦（红山文化）

通高 21.6cm、宽 15cm、厚 6.5cm、重 3.06kg

猪头形首，大眼，一对竖立尖耳。吻部有数道横纹。C 形粗壮身，窄玦缝。总体形虽粗但有劲，气势雄壮。坚硬玉质，棕灰色表面，局部为红色沁，多白化斑。中央大孔（5.5cm）两面作喇叭形。背脊有小系孔，斜平穿。表面似属带“橘皮皱”的灰皮。从文献中记载，最大一件有 21.2cm 高。本件应是最大玉猪龙之一。

437（S^{C}_{603}）小型玉猪龙玦（红山文化）

高 5.7cm、宽 3.9cm、厚 1.6cm

中孔外径 1.6cm，外大内小。做工规正，双耳直立，圆突眼，横闭口，直鼻梁。头与尾相接，切开，后边环连。背有对穿系孔。玉质不明，坚硬，龙身有赭色沁，多处白化成粉红色，多橘皮纹。

438（S^{C}_{768}）小型玉猪龙玦（红山文化）

高 6.1cm、蜷身径 3.5cm、厚 1.4cm

卷曲身，嘴与尾相接。头上有高冠及大耳朵。颈上背侧有牛鼻穿孔。豆荚状眼。暗褐色沁，表面多不平的蚀斑。坚硬，略有白斑。

注：[①]红山文化玉器在寿春地区出现是一个谜团，出土的玉器数量众多。一次山西来人收去小玉人等计有数十件。

439（S_{547}^{C}）兽首蹲坐玉牛神人（红山文化）

高 19.6cm、宽 8.3cm、厚 6cm

兽首人身，首特大（高 12cm）。斜列的水滴形大凸眼，有环边。鼻嘴似牛，鼻眼有数道皱纹，两侧有一对鼻孔，长扁嘴。两侧有上尖的三角耳。头上部高起，切缝成四瓣，可能代表四角，表示光芒四射。额头上有斜方网格纹。人身矮小，蹲坐，双手抚膝上。光身无衣，手足有四指及趾。青玉坚硬，有深红色及赭黑色沁，多白化斑，显浅灰红色。玉石内部有重结晶，表示斑状块及多网状斑纹。表面光亮抛光好，多处显沟槽结构，其上示表横向的旋转细纹，为红山文化玉器。

440（S_{602}^{C}）蹲坐牛首玉神人（红山文化）

高 13.8cm、宽 10.5cm、厚 5.8cm、重 1.6kg

牛首水滴形横列有双眼、竖鼻、横嘴。眼上有向左向右的大眉及耳。头上中间分开成双角，上有两道深纹。双臂下垂，双手抚膝。双足简化相持。腋下有系孔，双足间也有一孔，似供身上捆带子用。灰黑色沁为主，表面有蚀斑。但不见明显的橘皮纹。有明显的白斑。

441（S^{C}_{546}）双角牛首蹲坐兔上玉神人

（红山文化）

通高 18cm、神人高 13.3cm、兔长 7cm、人宽 5.2cm、人厚 4.4cm

双角牛首人身，蹲坐在兔背上。兽首双斜列水滴形眼，高突起，扁长鼻嘴，可见小鼻孔。头上长弯曲双角到头背面，两额角凸起。人身蹲坐，双手置双膝上，双足并拢，可见趾头。在臂下双足间均留圆孔隙。玉兔蹲坐，可见双眼，长耳，四肢趴地，短尾。总体玉质受沁严重，多见灰蚀皮，沁多灰赭色，多白化斑。

442（S^{C}_{552}）黑沁头上头蹲坐玉牛神人

（红山文化）

通高 21.5cm、宽 7.5cm、厚 5.5cm，重 1.52kg

上下套连两牛形头。大牛头水滴形眼，有眼眶，后有双牛角，长形耳。鼻嘴外突见双孔及扁长嘴。额头上有交叉粗网纹。大头上置一小牛头，见水滴形斜列双眼，突出，头额中有一前弯的角，鼻根有几道横粗纹，并见双鼻孔及扁嘴。人身上肚鼓起，双臂手置膝上，见腋下双穿孔，蹲坐，见双足趾四个。玉质不明，有褐白色白斑，坚硬。凹槽中有横向旋纹。

443（S^{C}_{656}）鸟头牛首玉神人（红山文化）

高 21.5cm、宽 7.5cm、厚 4.5cm

鸟头上有双冠向后弯曲，双圆目外突，有眉毛分开，下连一尖喙。鸟头架在一大牛首上。牛首两侧有双角，在角根处有三首横粗线。水滴形斜列长眼，有眼眶。额头有交叉网格纹。双鼻孔下有一横嘴。蹲坐，双足并拢，手扶膝上，可见四指。腋下有双洞孔，可系绳子。玉质坚硬，赭黑色沁，有明显白斑。右膝略微残破，已修好。

444（S^{C}_{566}）虎头抱牛首直立玉神人（红山文化）

高 22.5cm、宽 6.5cm、厚 7cm

虎头，头上有一对小尖耳。突出双大圆眼，外又加大圆圈。不见鼻，有嘴。神人胸前抱一大牛首，下部见一明显的大水牛脸，两侧水平伸的双耳，其上额上有树状粗纹（斜列），顶上有水平伸开的双角。神人双脚直立，双足并见四趾。背后有牛鼻穿孔，系绳用。多赭色沁及白斑，坚硬。头顶上有略微残破，已修好。

445（S^{C}_{567}）玉髓质牛首玉神人

（红山文化）

高 10.6cm、宽 6.5cm、厚 4cm

三角形牛首，双角变为多分支复合体。水滴形斜列双眼，鼻根上表示横线。双耳不显可能连在角上。宽神人身，蹲坐姿，双手置膝上，双脚分开。光身不着衣，不见手指。腋下有空洞，可系绳。玉髓质（玛瑙）灰棕色，坚硬，局部有红皮。表面光洁，抛光好。玉器的表面有多处明显蚀斑，不规则蚀斑中有灰状充填物。

446（S^{C}_{574}）双角牛首矮玉神人

（红山文化）

高 10.5cm、宽 6.6cm、厚 5.8cm

蹲姿矮宽玉雕，上突出牛首。头前伸并低下，正面见一对突起的天圆眼睛，角形鼻，扁嘴。头上突起一对长弯曲角，并连下背后，角根有三道横纹。两侧尖耳。双臂前伸，双手简化托下巴。臂下有系绳大孔。细腰，下肢蹲坐，双趾相并。手臂支在膝上。青玉质，坚硬，有赭黑色及浅棕色沁，有白化斑。可见一些裂纹。制作较粗。

447（S^{C}_{573}）鸮头牛首玉神人

（红山文化）

高 15cm、宽 4.6cm、厚 3cm

牛首之上为一鸮形鸟头，上见双圆目及尖喙。双边表示双翼，下有一对鸟爪，腹略外突。牛首一对斜列水滴状眼，上有大粗眉，鼻对孔，下有两道横纹，示横嘴。头两侧有小尖耳一对。头上弯曲大牛角。蹲姿态略变化，双臂下垂，双手相拱于腹下。双足趾相并而立。背后有牛鼻穿孔。青白玉，坚硬多褐黄色带褐纹的沁色，有白化斑。

448（S^{C}_{572}）四角牛首玉母牛神人

（红山文化）

高 13.25cm、宽 3.2cm 至 3.3cm

牛首，有眼眶的水滴状眼，外突。双孔牛鼻下突出一个横嘴，鼻根有三道横纹。额头上有网格纹，两侧有一对尖形耳。头上前有一对角，向前弯曲，后一对角向后大弯曲，连在后头上。胸前一对大乳下垂，并显示大肚皮（孕妇），双手抚肚下部。腿半蹲，双足并立。颈下有牛鼻穿孔，臂部突出。青白玉坚硬，有棕黄色沁及白化斑。

449

450

449-450（S^{C}_{578} - S^{C}_{579}）青玉小玉牛神，一对（红山文化）

通高 8.2cm

牛首人身，头上有双角，在后盘转相连。水滴形斜眼，牛鼻及扁嘴。人身站立，一件双臂垂下，双手扶膝；另一件抱手托腮，双腿合并且直立。青玉，坚硬，多橘红色沁，有白化斑。

寿春古玉初步研究的进展及存在问题

一、十二项重大突破

（一）礼天大璧与礼天大器的首次面世

世上至高至大的是天。自古以来，人们对天有无限的崇敬，认为天有至高无上的权力，能主宰人世间的一切；认为人们最后最好的归宿是灵魂上天，去天堂。

我国古代人们的宇宙观是天在上地在下，天圆地方，天转地不转，天外有天，有三十六重天。认为只有能飞的动物，如凤鸟，有翼的虎、马及龙等才能上天。

古代人即以玉璧象征着天。《周礼·春官宗伯》就有“璧形圆，如天之形象”，“以苍璧礼天”之说。说明礼天的圆璧为素面，青玉，大一尺二寸（周尺）。考古上礼天苍璧并没有确切的记载。汉代南越国墓中出土有龙纹大璧 33.4 厘米，山东鲁国战国大璧 32.8 厘米，只是王者殉葬的用玉。在寿春，我们发现一件礼天大璧，外径达 31 厘米，完全符合吴大澂《古玉图考》中苍璧的条件，即“青玉，无文，制作浑朴”，这是一件大型的表面布满灰白色蚀斑的苍璧（S^{C}_{775}）。有可能这是一件我国大型祭天苍璧的代表。

我们在寿春的古玉中，还发现几件有旋纹的苍璧。一件大璧径 26.8 厘米（S^{C}_{765}），上有 16 条顺时针转动的旋纹。另一件径 21.2 厘米，上有 12 条示逆时针转动的旋纹。还有绞丝纹璧（S^{C}_{747}），径 14.5 厘米。都代表天在旋转。实际上呈现旋转的玉璧，还有晚商的牙璧（S^{C}_{778}、S^{C}_{271}），西周相逐蟠龙玉璧（S^{C}_{275}），以及三连瑗绞丝纹璧（S^{C}_{686}、S^{C}_{677}）等。旋纹璧代表天的转动。

由于人们对天的崇敬，这些自古以来，祭祀天（往往同时包括祭地及祭四方）是一个国家最为隆重的大礼节，一直到清代还有天壇。

我们在寿春古玉器中首次发现了玉质礼天大器，彰显华贵，气势非凡。可以设想，这些礼器如各种大型玉容器，都是祭天的礼器。

首先一件是圆体双虎首座的礼天大器（S^{C}_{756}）。其下部是长方形的双虎首座（楚国以虎为神），代表地。座上树立一个倒梯形的柄，上琢兽面纹，代表人间的帝王，即天之子。其上又树立一个大圆牌子，代表苍天。中心是一个转动的镂雕空心球，代表太阳。其外有三层转动的环，其实都是圆璧的发展，代表天外有天，多重天。球、环及其两侧均设飞天的凤鸟。其上出廊为一对大型有翼的龙。通高近 60 厘米，其高大的身材与一般礼器相比，有天地之别。一般作为礼器的玉容器均在 30 厘米以下。这一件可能作为主件，立祭祀礼器的中央位置。

在其两侧为一对高台式组合礼天大器（S^{C}_{724}），其高度也有近 60 厘米。其在四兽足四方座上，簋、豆、盘相组合，其上还有两套转动的圆片，圆片上还有文字。下部两侧有一对有翼的龙，其上有两对凤鸟及神鸟，可以通天的。

这种礼天大器及旋璧均为首次发现与报道。可能也是第一次见到实物的，时代暂作东周。“大器晚成”，还表明制造这种大器的艰难。它们是当时国家祭天大典上的重器。

（二）一对楚国玉高足杯，精美绝伦，世上无双

人们都知道在西安附近阿房宫遗址，出土一件秦代的精美玉高足杯。学者刘云辉 2006 年《陕西出土的秦国玉器》中说“谷纹高足玉杯是迄今所见战国时期形体最大、造型最精美的玉杯。”抱歉的是现在看来这句话不对了，真正极致精美的玉高足杯应在这里。

从寿春所收的这一对高足杯（S^{C}_{680}、S^{C}_{718}），通高 26.5cm，杯腹高 16.8cm，口径 8cm，筒状腹，圜底，下接一豆形足（有人作高盘足）。上有一个带纽的盖，下有一个镂雕的座，座下有三个兽面纹兽足。整体极为精美，腹中主纹为在龙凤艺术图案下，以连勾谷纹为地。其上有横向叶脉纹，其下有八组花瓣纹，豆形足又有横向叶脉纹。纽盖上有四分花瓣纹及周围的勾连谷纹。座上有镂空的缠技花及兽面纹足。所以自纽至足共有八道纹饰，异常精美。阿房宫的玉高足杯，通高仅 14.6 厘米，主纹为简单的勾连谷纹，由上至下的纹饰也精美，但只有五道纹饰。更重要的是，寿春所收的这玉高足杯有盖及座，而且是一对，所以这一对应是天下无双了。

刘云辉也曾指出，阿房宫出土的精美的玉高足杯，没有任何秦式玉器的风格，而是楚式风格，属楚式玉器。实际上从其豆形足及纹饰来看，与我们寿春所收的玉高足杯是完全一致的，它就应该是楚国所造的高足杯，因为阿房宫不是一个墓葬地，

也不是一个制玉的工地，而是秦灭六国，掠夺的战利器堆放的库房（《大秦史》吴学刚2010）。所以我们据此可以认为，阿房宫出土的那件精美玉高足杯，不仅是楚“式”玉器，而且就是楚器。很可能它就是被秦兵破城后掠夺到阿房宫的楚宫中的珍贵陈设器。现在看来，楚宫中最精美的玉器，还在这里。

实际上，在寿春收到的高级玉高足杯还有不少。除了谷纹高足杯一对（S^{C}_{491}、S^{C}_{598}）外，还有螭纽叶脉纹双兽耳豆形足高足杯（S^{C}_{630}），高达27.6厘米；有龙凤饰活环带盖玉高足杯（S^{C}_{649}），高22厘米；有螭纹高浮雕高足杯，一大的高18.7厘米（S^{C}_{612}），一小的高13.5 厘米（S^{C}_{380}）；另外还有矮身的高足杯一对（S^{C}_{628}、S^{C}_{629}）。

（三）玉剑，威严的神器，天下第一玉剑

青铜剑盛行在春秋到战国时代，自汉代开始出现铁剑。玉剑产生的时代还难以确定。以玉制玉剑饰装饰金属剑则较为常见，叫玉具剑。玉制剑必然非常威严。当然玉剑并非实用器，尽管玉器坚硬，又有韧性，但性脆，难免制成的剑易断。所以在考古上，真正的玉剑非常少见。文献中引用一件湖北随县曾候乙基出土的所谓玉剑，通长33.6厘米，由剑首、茎、格、璏、鞘、珌六部分用金属丝相连而成，但并非传统的玉剑，只是异类剑。民间偶尔也有一些玉剑的报道，但均不成大器。

在寿春却出现了几件很像样的真正的玉剑。首先是一对大型玉剑（$S^{C}_{515a、b}$），长过60厘米，有椭圆形兽面纹的剑格与圆锥—圆柱状的剑首。虽其中一件有残，但是经修补基本完好。其形制与战国常见的青铜剑不同，而与春秋时的玉具剑相近（如江苏六合程桥出土）。所以有可能时代是春秋时期的。这一对玉剑，虽经两千多年，剑刃仍锋利。其造型有王者之气，似乎至今还寒气逼人，气势磅礴，是威严的神器，又称雌雄双剑，可称为东周天下第一玉剑了。因此有可能为王者所用。

此外还有一对虎形饰玉剑（S^{C}_{554}、S^{C}_{664}），长达60厘米；一件叶脉纹的大玉剑（S^{C}_{694}），长62厘米；一件兽头玉剑（S^{C}_{538}）。

（四）硕大的四灵玉印与奇妙的六连玉印

四灵，或作四神，即青龙、白虎、朱雀、玄武，这是中华文明中道教的神，流行于汉代，可能在战国时即出现。这四方玉印（$S^{C}_{682-685}$）特大，即边长达11.2至11.5

厘米，与皇帝的玉玺相近，高 6.7 厘米，上圆雕四灵为纽，造型传神，工艺精湛，并各神有其特色，如玄武非蛇缠身而以蛇头接龟身。印面篆书四字“周公名作（？）”，估计为道教印符给教民用的。流传说道教印较多，但这样硕大的印，则极为稀少罕见。还有一件螭纽大玉印（S^{C}_{433}），径 9.5 厘米。

记得清末代皇帝溥仪逃往满洲又去苏联，身上带一个提包，包中就是从清宫中盗取的最珍贵的物品，其中就有一件三连玉印，作为珍宝。寿春出土一件六连玉印（S^{C}_{735}），总长达 20 厘米，由一块玉石雕成，用玉链相接，每个印上阳刻近隶书四字，字体端正，深沉有力，也是罕见了。后又发现一件“太子之印”铭的螭龙纽大圆玉印（S^{C}_{779}），径达 11 厘米，印面四字的篆字书写体，有神韵，有重要价值。

此外还有有一件微残的“蔡昭候印”（S^{C}_{274}），可能为玉谥宝，虽略粗糙但仍有重要价值。

（五）世上最完美的带柄玉钺

玉钺是从新石器时代的石斧发展而来。后来有了青铜钺。钺是具有权杖一类性质的兵器，而玉钺已失去实用意义，但却象征着兵权与地位。我们见过商代带兵的妇好雕像，她的右手持一件带柄的钺，非常醒目。从寿春收到的玉钺有许多件，共有四个类型：直内平雕刻纹的玉钺（S^{C}_{548}、S^{C}_{743}），时代较早，自晚商至西周；浮雕龙凤纹玉钺（S^{C}_{559}），为东周；带柄刻铭或刻纹的玉钺（S^{C}_{732}等）；战汉以钺为装饰的板状玉佩件（S^{C}_{671}、S^{C}_{523}）。

最大最完美的带柄玉钺（S^{C}_{732}），长达 57.5 厘米，带銎及装玉柄（柲），两头尖具凹弦纹及夔龙绕柱纹，曲卷钺刃，大浮雕兽面纹。全身纹饰美雅精湛，深赭色沁发亮，保存完整。此外，还有铭文的带柄玉钺（S^{C}_{636}）及较短的龙头柄玉钺（S^{C}_{716}）。有文献中报道有柄玉钺极少，山东滕州市前掌大墓地出土一件晚商的带柄玉钺（李惠新 2010），造型和纹饰都非常简化，不能与寿春的带柄玉钺对比。还有一件汉代的带柄玉钺（周南泉 2009），长仅 28.4 厘米，也比较简陋。

（六）迄今最早的战国楚铭文玉册

条状或板状玉片刻字成简，再串联而成即为玉册。有玉哀册、封禅册、训诰册等。

汉代前玉册出土并不多见，常见的为唐以后，如南京南唐玉册，清代保留较多。

寿春出土的玉册，为篆书琢刻，长方板形，风化特征明显，白玉为主。有几个类型，较大型 1 块（S^{C}_{340}），较小型 8 块（S^{C}_{341}、S^{C}_{371}），其中除有文字重复者 5 块，共 18 面，即 560 个字。玉册上文字基本可认，以记录历史事件及人物为主。人物如楚惠芈公、白公胜、令尹子西、伍子胥等；事件如“召胜归楚”“归楚三年，吴杀子胥”“伐郑”“楚令尹子西许伐郑”“楚惠芈公诛白胜”“白公胜阴养死士求报伐郑”“（子胥）必树吾墓上，吾眼悬吴东门……”时代应为战国早期，楚惠王时（BC、487—432）年间事件，此有待专家进一步确定。

在河南辉县曾出土晋国（战国时）玉册，惜其上无文字记载（古方，2007）。所以有可能寿春玉册是迄今最早的战国玉册，有重要的研究价值。这些玉册用途还不明暸。

（七）三套完整的战国玉蹀躞带，玉带时间提前了八百年

“蹀躞带最早出现在战国时代，由胡人骑士传入内地”（计洪明、孙迎春，2013）。早期玉带，只有一根鞓，一副带扣，不用铊尾。玉带盛行于唐代，并规定不同等级官员使用不同等级的玉带。考古发现最早的玉带在南北朝，即 1988 年咸阳北周墓出土的一件九环玉蹀躞带（BC、557—581 年，马未都 2008）。马未都已认为“实际上带板在唐朝以前就有”。

寿春出土三套完整的玉带，可分两类：一类有两套（S^{C}_{582}、S^{C}_{459}），二类一套（S^{C}_{590}）。一类均为一副带扣，十个玉板，一套为浮雕穿云螭纹；另一套为镂雕“天上人家”纹。二类则各玉板间用“榫卯”套接，穿线固定，除带板外还有铊尾。仔细比较研究，寿春的玉带与南北朝至唐的玉带有明显的不同，前者显原始型。其一是前者带板均为长方形，很规整，后者则多正方形，也有圆形。有的还有挂饰件用的带环，其二前者用早期的带扣，是两个成一副。带扣本身也是带板（跨）相同形式，而后者常用一个“扣头”用皮质带穿于其中扣住（似今用的皮带头）。其三是各带板（銙），前者四角用直小孔（订线孔），而后者常用背面的牛鼻穿，正面看不见。

以上寿春出土三套外，还有一些零星的单个玉带板，为生肖纹及螭虎纹。所有这些玉带，均有与其他出土玉器（东周—汉）具相同的受沁及风化特征，尤其是有

风化白斑。看来，早期的玉带不会太少，从西安来人处收来一套镂空雕“天上人家”玉带，其形制与纹饰与寿春出土的完全一样，但其受沁与风化则不同，为黄色土沁，略有鸡骨白化，示西安地区地下环境的不同。在许洪明的书（271 页）中，也提供了一套民间收藏的玉带，具穿云螭纹，作者作隋唐，但讲“颇具战汉遗风”。笔者视其各方面特征（形、带扣及小孔），以为很可能为战国的玉器，与寿春出土的相近。后又从阜阳收一套可靠的玉带，制作工艺又有不同，也应是老的。

如果我们推断合理，寿春的三套战国时的玉带，把玉带出现的时间已提前了近八百年。

（八）玉制武士车马组合器，精巧无双

人们永远忘记不了那件秦王墓陪葬坑出土的青铜车马器，按原物 1/2 设计，真是举世无双。现在寿春古楚都却出现了一件大小为原物的 1/15 由美玉制成的武士车马器（S^{C}_{739}），总长 38 厘米，精雕细琢，精湛高雅，熠熠生辉，令人震撼，流连忘返。你看前面那匹健马，雄壮有力，前后两对双翼已经张开，准备奔跑。后面两位着战袍加胄甲的全副武装的武士，右手持戟，左手护盾，头戴盔甲，令人心惊。车厢下有双大轮，中间支伞，伞遍体精美纹饰。驭夫坐车前头，手牵由 13 节活环玉链的马头。这正是象征着“天马行空，飞向天堂”。这件极高级精致的殉葬器，只能是王级人物才能使用，它将使主人的灵魂送向天堂。这是楚国玉器中的瑰宝。置于博物馆中，这将是镇馆之宝。值得注意的是，两位全副武装的武士，头上发髻是正髻，代表楚国武士的特征，而秦国武士则为斜髻。

（九）高精玉佩，玲珑小精灵，至精至珍

玉佩是古代人们，不分男女，在身上装饰佩戴最常见显示身份的玉器。从商周以来长期发展，到了战国晚期应该达到一个高峰，尤以制玉大国楚国更有代表性。我在寿春收到的是一系列圆形为主体的，向镂雕、圆雕发展的，高度艺术化、美化的玉佩。其件件玲珑而精致，美不胜收，真是世上最动人的玉佩，代表了战国楚玉工艺的顶峰之作。

这里有浮雕加镂雕双龙缠身玉佩（S^{C}_{460}、S^{C}_{470}、S^{C}_{509}）、兽面纹镂雕玉佩（S^{C}_{428}）及神

鹰玉佩（S^{C}_{471}）。这里还有圆雕加镂雕的双虎玉佩（S^{C}_{369}）、凤鸟背瓶玉佩（S^{C}_{336}）、双马护鼎玉佩（S^{C}_{329}），以及S形蟠龙玉佩（S^{C}_{361}）等。

（十）顶级玉刀，品种齐全

在寿春一系列玉器中，玉兵器的数量大，且品种繁多，是收藏的一个亮点。从玉刀的形状来看，有梯形刀、刻刀、弧刃刀及兽形刀四个类型，其中突出的有以下三点：

一是发现一件大型良渚文化的带神人、神鸟纹的七孔梯形玉刀（S^{C}_{548}），在其神徽神鸟纹上及在孔边有风化白斑，出土是无疑的。这件玉刀，长达49.5厘米。良诸文化发现梯形玉刀极少，许洪明的书中（2013）提到了一件，长24厘米而无纹。笔者这件应是新的发现。

二是还有几件多孔有铭梯形玉刀（S^{C}_{513}、S^{C}_{500}、S^{C}_{544}、S^{C}_{545}）。孔边有一排铭文，篆书。文字上也有风化白斑，示不会是新刻的。过去铭文梯形玉刀未见报道过。另外，还有十一孔玉刀，过去报道有十一孔及十三孔的就是薛家岗文化的，但它不是玉刀而是石刀。寿春这些玉刀，其时代难定，暂作夏代。这些铭文梯形刀，应有重要意义。

三是寿春玉器发现一对西周的凤鸟纹竖立玉刀（S^{C}_{295}）。长方板状，两侧及顶部有脊齿，下方为两面刀，可能属刻刀。玉刀面上双钩阴刻上下凤鸟纹，高冠长尾，昂首直立，圆目钩嘴，下边雕以强壮的一鸟足立地。这对鸟纹刀，高达23.5厘米，宽6.8厘米。青玉，有沁及风化白斑。纹饰精巧清晰，顶边上有冠状饰，还有一小孔（文献上一般仅长十多厘米）。这一对凤鸟纹刀又大又美又成双，应该能列为全国顶级鸟纹玉刀。

此外还有许多弧刃刀及兽形刀。如有龙形柄五孔刻纹弧刃大刀（S^{C}_{786}），长达46.7厘米，五孔示梯形刀的遗风。

我们可以看出自西周到战国弧刃刀演变的过程。

（十一）我国古代玉容器的空前大发现

这次寿春古玉定向收藏中，出现了一大批东周为主的玉容器（时代可能延续到汉），除去若干件细小的日用容器外，共计达112件（未收进的估计还有十多件）。计有鼎7件，甗2件，簋12件，盨1件，豆5件，盂2件，罐8件，爵1件，觚2件，觯1件，尊7件，卣2件，壶2件，罍2件，盉3件，瓶8件，冰鉴1件，灯4件，烛台1件，匜6件，盘2件，高足杯10件，耳杯3件，其他杯7件，卮4件，樽1件，觥3件，瓒1件，缸1件，盒1件，组合器1件及琵琶1件等。这些玉容器件件开门，个个精彩；质重体大，工艺精湛，纹饰精美，令人折腰。玉容器普遍需要掏膛工艺，在古代玉料及制造上极为艰难，所以不为一般人所使用，它们只用于玉宫祭祀礼仪上，所以说玉容器是古代礼器中的大器、重器。

这次发现不但数量大，而且质量高，应是我国考古与收藏界古玉器的一次大突破，成果斐然。从以往考古发表的文献可知，只在商晚期妇好墓发现有簋、盉、豆等玉容器数件，以后有报道很少。1936年秦阿房宫遗址，发现一件精美的谷纹玉高足杯（应属楚器，见前）。洛阳金村东周王室墓，出土有精美的玉耳杯及玉樽，工艺精湛，目前已流落美国。以后汉代诸侯国王墓出土了较多的玉饮酒器。在安徽省内，玉容器的考古发现极少。由文献可知，新中国成立前1936年寿县楚墓调查时，发现玉容器有花玉鼎及花玉瓶共2件（李景聃1936）。1992年在巢县东门北山头的西汉墓中发现2件，玉卮1件（佚盖）及玉粉盒1件。在涡阳县石云山崖墓出土西汉铜座玉杯。玉容器实在是很少的。在民间收藏中还是有所报道，如许洪明、孙迎春的书（2013）中说，玉容器西周以来至汉有50件；在陶忠明的书（2010）中战国有8件，汉代有33件。估计民间还有一些。

（十二）工艺珍品，大型兽头琴首玉琵琶的发现

在寿春所收的玉琵琶（S_{714}^{C}），高54.3cm，应同原物大小相近。值得注意的是琴首是一个瑞兽头，形象凶猛传神，琴边还有螭龙耳。整个器物制作质美工细，雍容华贵。大型玉琵琶出土发现极少，民间略有所闻。有一件为飞天女雕琴首，一般作唐代。我国自战汉时，琵琶已从西域传入中原，已有制玉的可能。此玉琵琶从兽头、螭龙等纹饰及风化的状貌与其他战汉玉器一致，其时代有可能属战汉。这类玉琵琶作为陈设器，有极高的观赏及研究价值。

除以上十二项重大突破以外，值得提到的还有以下破历史纪录的玉器。例如大型龙凤玉座屏（S_{791}^{C}），人首有铭玉圭（一对）（$S_{526}^{C}-S_{527}^{C}$），舞人型璧首及圭首长形佩（$S_{712}^{C}-S_{626}^{C}$），S型圆雕龙凤首玉坠（S_{375}^{C}），美人凤圆雕玉坠（S_{258}^{C}），圆雕大型天

禄（S^{C}_{771}），白玉圆雕大型神牛（一对）（S^{C}_{780} - S^{C}_{781}），白玉连体双座烛台（S^{C}_{625}）及白玉辟邪兽龙凤纹玉觥（S^{C}_{783}）等。红山文化十多件片牛神雕像，也有极重要的研究价值。今研究玉器中顶级品达 92 件。

二、出现一批精品珍品古玉器

在所收集的寿春古玉器中，除了上文所述的 12 项有突破的玉器外，还有一系列属于精品、珍品的玉器，其中有些应是弧品或绝品，它们往往是全国同类中的顶级品，值得我们重视与进一步地探讨研究。今列其名称及收藏号，按本书图录上的次序分类列出。

1. 玉礼器类有：西周 双蟠龙相逐大玉璧（S^{C}_{564}）。西周龙纹厚玉璧一对（S^{C}_{275}）。

战国 细蒲纹大玉璧（S^{C}_{518}）。战国 螭虎、双鼠高浮雕玉璧（S^{C}_{325}）。战国“开光”龙纹浮雕玉璧（S^{C}_{326}）。战国 高领穿云螭浮雕玉璧（S^{C}_{482}）。战国 四牛首浮雕玉璧（S^{C}_{618}）。战国 绞丝纹三瑗式玉璧，一对（S^{C}_{686}、S^{C}_{677}）。战国 双龙三螭出廓玉璧（S^{C}_{532}）。战汉 四灵出廓双区玉璧（S^{C}_{477}）。战汉 双龙镂雕出廓双区玉璧（S^{C}_{601}）。西汉 龙凤共体出廓谷纹大玉璧（S^{C}_{731}）。战国 蟠龙浮雕玉玦形璧（S^{C}_{581}）。神人兽面纹圭璧（S^{C}_{761}）。兽面纹圭璧（S^{C}_{769}）。战国 穿云螭纹八璜联合璧（S^{C}_{423}）。东周 蟠虺纹玉瑗（S^{C}_{674}）。西周 蟠龙纹突棱玉瑗（S^{C}_{740}）。西周 三联大牙璧（S^{C}_{778}）。战国双龙首谷纹出廓玉璜（S^{C}_{673}）。战国双龙首双凤谷纹出廊玉璜（S^{C}_{536}）。西周 大型素圆玉琮（S^{C}_{725}）。战国 兽面纹园玉琮（S^{C}_{528}）。战国 人首有铭三孔玉圭，一对（S^{C}_{586} - S^{C}_{587}）。商代 弧首有脊玉璋（S^{C}_{610}）。西周 鸟纹柄叉口玉牙璋（S^{C}_{759}）。春秋 方柱形兽面纹柄形器（S^{C}_{539}）。

2. 玉兵仪器类有：战国 龙首兽面纹玉矛（S^{C}_{527}）。战国 螭纹兽面纹玉剑饰（四件套）共三套（S^{C}_{541}、S^{C}_{520}、S^{C}_{257}）。战国 圆雕螭穿云戈抱璧饰（S^{C}_{563}）。战国 组合铭文玉戈，共二套（S^{C}_{455}、S^{C}_{467}）。西周 白玉龙纹兽面纹精制玉戚（S^{C}_{793}）。

3. 文化用具类有：战国 大型神兽消烟灯拼合玉板（S^{C}_{444}）。

4. 人身装饰用玉类有：战国 瓶形玉佩（S^{C}_{418}）。战国 玉舞人形有铭圭首长形佩（S^{C}_{626}）。战国 玉舞人形璧首长形佩（S^{C}_{712}）。战国 兽面纹铭文浮雕双孔玉圭形佩（S^{C}_{599}）。战国 人形柄匕首形长玉佩（S^{C}_{608}）。战国 龙虎浮雕铭文方玉牌（S^{C}_{730}）。战国 S 形圆雕龙凤首玉璧（S^{C}_{375}）。

5. 佩戴用具类有：战国 双凤立屏式兽面纹玉发冠（S^{C}_{696}）。战国 白玉兽面纹指环（S^{C}_{451}）。战国 兽面纹玦形手镯（S^{C}_{437}）及龙纹浮雕手镯（S^{C}_{708}）。战国 琵琶形及宽体异形玉带钩（S^{C}_{537}、S^{C}_{484}）。春秋、战国 兽首棒圭神人玉带钩（S^{C}_{723}）。战国 螭纹玉带扣（一副）（S^{C}_{588}）。

6. 陈设用玉类之一（1）有：战国 跪姿着袍玉人（S^{C}_{246}）。战国 玉舞人（S^{C}_{314}）及侧跪玉舞人（S^{C}_{533}）。战国 趴地圆雕玉裸人（S^{C}_{463}）。战国 凤凰美人玉坠（S^{C}_{258}）。战国 回首奔跑玉鹿（S^{C}_{487}）。战国 带马具站立玉马（S^{C}_{519}）。战国 写实圆雕玉犀牛（S^{C}_{247}）。战国 花斑状伏地玉虎（S^{C}_{519}）。战国 圆雕欲飞神鸟玉坠（S^{C}_{506}）。战国 双羽翼立玉熊（S^{C}_{456}）。战国 圆雕写实玉瑞羊（S^{C}_{360}）。战国 鸟形玉坠（S^{C}_{407}）。战国 铭文玉虎（S^{C}_{483}）。

7. 陈设用玉类之二有：战国 兽首四轴玉琵琶（S^{C}_{714}）。春秋 长筒形兽面纹玉鼓（S^{C}_{706}）。战国 大型虎形玉辟邪（S^{C}_{508}）。战国 凤鸟瑞兽守铃摆件（S^{C}_{436}）。战国 凤冠兽足玉舞人（S^{C}_{611}）。战国 双虎争球圆雕玉摆件（S^{C}_{666}）。东周 青玉圆雕大天禄（S^{C}_{771}）。战国 白玉棕黄沁大玉神牛，一对（S^{C}_{780}、S^{C}_{781}）。战国龙凤镂雕玉座屏（S^{C}_{791}）。

8. 殉葬用玉类有：战国 兽面纹活环玉铺首，一对（S^{C}_{534}）。战国 八角兽面纹玉镜（S^{C}_{540}）。东汉 “长乐”铭双立人兽面纹转球玉摆件（S^{C}_{736}）。

9. 生活用玉具类有：战国 谷纹豆形玉灯，一对（$S^{C}_{619\text{-}620}$）。战国 双虎连体座烛台（S^{C}_{625}）。东周 兽鸟饰深腹玉觥（S^{C}_{719}）。东周 白玉辟邪兽龙凤玉觥（S^{C}_{783}）。战国 龙凤形兽面纹三足玉匜（S^{C}_{632}）。春秋 红沁螭龙足玉匜（S^{C}_{635}）。战国 红沁三錾足玉匜（S^{C}_{430}）。战国 五螭倭角长方玉盘（S^{C}_{657}）。战国 棕色沁谷纹高足玉杯（S^{C}_{401}）。战国 浮雕兽面纹蒲纹玉耳杯（S^{C}_{492}）。战汉 螭龙錾兽面谷纹玉卮（S^{C}_{681}）。战国 螭龙纹带錾有盖四足玉卮（S^{C}_{606}）。春秋 三凤耳三足筒腹玉卮，一对（ S^{C}_{707} – S^{C}_{686}）。战国 虎凤耳兽面纹大玉樽（S^{C}_{624}）。战国 几何纹饰玉瓒（S^{C}_{555}）。

10. 玉容器—礼器类有：春秋 兽面纹立耳带座玉圆鼎（S^{C}_{676}）。东周 兽面纹立耳大玉方鼎（S^{C}_{637}）。东周 兽面纹海棠式三足盖鼎（S^{C}_{643}）。春秋 斜立耳扉棱兽面纹玉升鼎（S^{C}_{650}）。春秋 双立耳三足兽面纹大玉甗（S^{C}_{670}）。东周双虎耳四鬲足兽面纹玉甗（S^{C}_{652}）。战国 兽面纹双虎头耳活环钵形玉簋（S^{C}_{648}）。春秋 虎耳兽面纹盖玉簋（S^{C}_{551}）。东周 三兽耳三足兽面纹盖玉簋（S^{C}_{595}）。东周 双虎首耳活环三足鼎式玉盖簋（S^{C}_{658}）。东周 兽面纹扉棱方腹玉盖簋（S^{C}_{707}）。东周 兽耳八角玉盖簋（S^{C}_{711}）。战国 三鋬兽面纹玉盖簋（S^{C}_{639}）。东周 大型蟠角龙盖双鋬虎头衔环三足玉盖簋（S^{C}_{698}）。东周 衔环双龙耳四足海棠身盖玉簋（S^{C}_{776}）。东周 双耳挂环谷纹玉盖盨（S^{C}_{656}）。东周 虎纽双耳素面玉盖豆，一对（S^{C}_{575}、S^{C}_{576}）。东周 大型双虎凤耳活环兽面纹组合盖豆，一对（ S^{C}_{631}－S^{C}_{633}）。春秋 蟠龙纽三兽耳三足玉盖盂（S^{C}_{722}）。战国 白玉直腹谷纹玉罐（S^{C}_{553}）。东周 八螭四兽足玉盖罐（S^{C}_{715}）。战国 无柱无鋬兽面纹凤纹圆形玉爵（S^{C}_{651}）。战国 兽面纹玉觚（S^{C}_{667}）。东周 双虎玉盖尊（S^{C}_{689}）。东周 双凤玉盖尊（S^{C}_{693}）。东周 兽面纹双凤耳出戟大口玉尊（S^{C}_{662}）。东周 六扉棱兽纹出戟大口玉尊（S^{C}_{700}）。战国 双虎头耳活环扉棱夔龙兽面纹玉盖尊（S^{C}_{642}）。东周 白玉象鼻耳活环扁圆腹瓶形尊（S^{C}_{784}）。东周 双凤耳兽面纹玉盖壶，一对（S^{C}_{614}）。东周 白玉椭圆腹兽面纹四足提梁盖卣（S^{C}_{709}）。东周 兽面纹扉棱圆腹圈足提梁玉盖卣（S^{C}_{703}）。东周 牛首饰铭文兽面纹玉方罍（S^{C}_{646}）。东周 兽面纹四足玉方罍（S^{C}_{592}）。东周 兽面纹扁圆腹壶形盖盉（S^{C}_{697}）。战国 三兽耳三足盖瓶（S^{C}_{978}）。战国 双虎耳兽面纹圆腹玉盖瓶（S^{C}_{660}）。战国 兽面纹双耳扁圆玉盖瓶（S^{C}_{627}）。战国 三兽耳弦纹玉瓶（S^{C}_{699}）。东周 双兽耳口环夔龙纹折肩玉瓶（S^{C}_{701}）。战国 白玉八螭玉瓶（S^{C}_{717}）。战国 四兽耳平盖方体玉冰鉴（S^{C}_{710}）。战国白玉八角直身铭文盖瓶（S^{C}_{799}）。

11、红山文化类有：红山文化 大玉猪龙玦（S^{C}_{580}）。红山文化 兽首蹲坐玉神人（S^{C}_{547}）。

三、一个崭新的重要构思

自 2014 年以来，从寿县地区带来的，在合肥古玩市场上不断出现各种古代玉器，其中尤其值得注意的是玉容器，估计至今已有一百多件，这些玉容器确实是出土的。玉容器是很重要的，有人讲“玉容器是古代礼器中的重器”（许洪明等，2013），但它们来自何方？

我们来思考一些事，从 1977 年至 1982 年当局对寿春古城东长丰杨公战国贵族楚十一座大墓的科学发掘中，出土了 80 多件玉器，主要是佩、璧、璜等，有的非常精美，都是死者生前佩戴或死后陪葬玉器，却没有一件玉容器。这个地区在新中国成立前朱家集李三楚王墓被盗掘，从报道中可知也没有一件玉容器。另外，1958 年寿县城西门发现的蔡侯大墓，虽有玉器，但是也没有玉容器。当然过去也并非绝对没有，在新中国成立前 1936 年李景聃等调查寿县楚玉器时，就收到 2 件玉容器（花玉瓶、花玉鼎），这至少说明寿县地区确有古代玉容器。

值得注意的是，玉容器制作艰难，它们是礼器中的重器、大器，不是贵族或帝王个人使用的物品。是当时国家的珍宝，即国宝。只在国家重大庆典礼仪上，如某些重大节日（如王位登基、做寿、立太子或结盟）和迎国宾大礼上使用。这些重要礼器，除楚国自己制造的外，也包括征战所获或进贡、交换所得。这些礼器贮放地方主要在国家的太庙或宗庙，也可能少数摆在王宫中。在国家迁都时，这些珍宝都会随王宫而转移。

从更大范围来看，从晚商妇好墓出土有若干件玉容器后，自西周到战国，考古发现的玉容器极少。从楚国长期建国及迁都的历史看，先从湖北江陵纪南城到宜城，后从河南淮阳到皖北寿春，当局开挖有达 200 余座楚墓。出土玉器达数千件，著名的如春秋河南淅川下寺楚墓群、信阳战国楚墓、新蔡楚墓、淮阳平粮台楚墓、湖北江陵楚墓群、枝江楚墓及湖南的楚墓群等。但都没有报道有玉容器的发现。实际上当时别的国家也是如此。我们可以由此得出一个结论，从西周至东周，国家所有的玉容器禁止随葬。虽我们今日无从考查当时的禁令，但从明代首位皇帝朱元璋曾下旨：一切玉器及金器禁止入葬，可以得到某些启示。

直到汉代开始有了一点变化，可能是当时生产力发展了，玉器制造较前多了，规定有所放松。我们可见到个人使用的某些酒器，如玉杯、玉卮等可以随葬，如徐州狮子山楚王墓、广东南越王墓，洛阳汉墓群及安徽巢县东门西汉墓，都有所出土。但作为重器的大型玉容器还是没有的。

楚国八百年的历史基本上是稳定的，所以在楚国王宫及所管的太庙、宗庙中长期保存有一系列重大的礼器。但到了寿春不久，西方强大的秦国对楚国虎视眈眈，最后秦国派王翦的 60 万大军打败了楚大将项燕的军队，围困了楚郢都寿春。在这个大军压城的危急情况下，楚人怎么办？最为简易的措施是把国家的珍宝快速埋到地下。

从考古发掘我们又发现，在寿春古城的东南处多次发现有楚国金币郢爰，发现它们的所在地不是墓葬。些外，还发现有王宫中使用的重器鄂君启节及大腐铜牛等。这些玉器必然是在匆忙中埋在地下的，后来埋宝人也不知去向了。那么当时在国家太庙、宗庙中的珍宝，包括这一批玉容器，也只能找合适的地方埋入土中，待以后再挖出来，不然就会被秦兵毁坏与掠夺。

所以，如今所收来的玉容器并非出自墓葬，也没有盗墓的报道。有人说是挖水渠挖出来的，土埋不深，很分散，很可能上面也没有封土堆。所以笔者认为很可能存在一个神秘的地下玉器宝库。

从我们从卖主及农民那里了解这些玉容器收来的地点来分析，大致有一个范围，均在古寿春城的西南地区，离古城均数公里至十多公里。大致从南面的安丰塘到北面的城西湖，西止于淮河地区。现在从收来的藏品来看，瓦西双桥至安丰地区，多青玉质，受沁深，多黑赭沁；瓦东地区则多白玉质，受沁浅，多棕红沁。

除玉容器外，同样情况的应该还有一批玉兵仪器，它们也是礼器，也应在这个地下玉器宝库中存在。当然还应包括大型的礼天大玉器和其他是青铜器或别的玉器。

四、存在的问题及谜团

定向收藏，即收藏在时间及范围上都要限定。我们这次项目时间限定在老三代（夏、商、周）至汉，空间限定在寿春地区。定向收藏可以获得某些考古学上的重要信息。但是要求藏品的确切及收集齐全。本人四年来在定向收藏方面做了很大的努力，已收集寿春玉器超过 466 件（套），其中包括 100 多件（套）重要的玉容器。但是，估计总共起码还有百分之二十的古玉器流失或为别的收藏者收去，其中已知的有超大型玉豆及某些战国精美顶级玉佩等。

本人所收的大量寿春高古玉器，从所受风化的规律性出发，研究其特征，它们是可靠的。但是对个别玉器，由于其玉质不明，风化特征不明显，铭文不正规，也存在怀疑。暂作疑似玉器保留，暂没有剔除出局，值得今后继续考查。

但是谜团之一是，寿春地区地下发现了许多红山文化的玉器，以各种玉牛神件为主，有数十件，还有玉猪龙等。在后期的墓葬中出现早期的文物，这种情况是有的，如晚商妇好墓中有石家河文化的凤鸟佩。但是，这里寿春绝非红山文化的遗址或墓葬地，是什么人将红山文化玉器带来后埋在这里？

谜团之二是，许多玉件上如玉册及其他，均有许多篆书等文字未能解读。如能解读这些文字，我们将会得到许多新的文化信息。

由于是流散文物，缺乏周围文物埋藏的信息及伴生物的信息，因而给玉器确切时代的判定带来困扰。现有某些玉器的时代判定根据不足。

后语

在人生的暮年，在定向收藏寿春古玉的道路上，经过十年准备，四年奋斗，付出了许多许多后，终于有进展。这些曾遭受流散的精美玉器，经历了千辛万苦，如今在我这里重新聚合。我们的工作正在开花结果。至今，所收录的四百六十六件（套）[①] 古玉器，有着重要的文化历史及考古价值。她们多少个日日夜夜同我相伴，使我心醉、神往、惊喜、震撼。她们有传神的魅力，有古朴的秀美，使我耄耋的年华，充满着愉悦与欢乐，心中充实着美好的成就感。虽然我对这些暂时在我手中的美玉有浓厚的钟爱与眷恋，有着深深的情感，但我深知，她们是中华文明瑰宝的一部分，她们是属于国家，属于整个中华民族的。我愿做有偿捐献，期望这些瑰宝长期在某国家博物馆供给国人鉴赏与研究。回归社会是她们的一个最好的归宿。也期望有关政府部门给予作者长期努力的收藏以表彰与奖励，并偿付有关开支。当前，我将保管好和守护好每一件玉器。也建议与期望当地政府有关部门，加强对地下文物的调查与管理，改善流散文物的征集与保管。

我的工作中，得到许多友人的支持与帮助。特别要提出的有藏友乐金林的长期鼓励支持，周蓉女士悉心打印编排初稿，洪天求、高玉峰教授在出版上的鼎力相助，没有他们的帮助是不成的，在此一并衷心致谢。

①自从2017年冬本书封稿以后，合肥市场上还断续出现有来自寿县的古玉器。从2018年以来，又收入超过40件。它们都很精美，又有特色，估计今后还会有一些。届时作者将作为本书的“补编”予以出版，以飨读者。

参考文献

[1] 陈志达．多姿多彩的殷墟玉器．收藏，2005，3:64-68.

[2] 常军．虢季墓出土的玉器．收藏，2010，9:92-100.

[3] 丁邦钧．寿春城考古的主要收获．东南文化，1991，2:159-163.

[4] 古方．中国古玉器图典．北京：文物出版社，2007.

[5] 古方．古玉的器形与纹饰．北京：文物出版社，2009.

[6] 古方．东周玉器纹饰与玉佩鉴赏．收藏，2004，7:80-82.

[7] 古方．玉器知识问答（六）．收藏，2009，2:82-85.

[8] 胡凤英．虢国贵族妇女玉组合佩饰．收藏，2010，10:86-89.

[9] 冯梦龙，蔡元放．东周列国志．合肥：黄山书社，1996.

[10] 李建伟，邱运荣．中国玉器鉴赏图录．北京：中国商业出版社，2001.

[11] 李惠新．山东出土商周玉器．收藏，2010，9:101-105.

[12] 刘云辉．陕西出土东周玉器．北京：文物出版社，众志美术出版社，2006.

[13] 刘云辉．陕西出土汉代玉器精品．收藏，2010，6:103-115.

[14] 马未都．马未都说收藏·玉器篇．北京：中华书局，2008.

[15] 曲石．楚玉研究．江汉考古，1990，（3）：63-77.

[16] 任经荣．蔡都州来辨址——兼论寿春城的历史形成．东南文化，1991，2:152-158.

[17] 辛一夫．中国古玉器鉴赏与评估（上下卷）．天津：天津古籍出版社，2009.

[18] 吴大澂，杜斌．古玉图考．北京：中华书局，2013.

[19] 王冬华，王蔚华．高古玉．济南：山东美术出版社，2018.

[20] 王建国．寿县博物馆藏汉代玉器赏析．亮鉴，2014，32-41.

[21] 王玟．蚌埠仿古玉器．收藏，2008，2:96-99

[22] 许洪明，孙迎春．古玉鉴赏录．上海：上海三联书店，2013.

[23] 杨伯达．出土玉器鉴定与研究．北京：紫禁城出版社，2001.

[24] 杨鸠霞．长丰战国晚期楚墓．文物研究，1988，10:89-98.

[25] 叶继红．徐州狮子山楚王墓出土一套玉酒具．收藏，2004，3:88-89.

[26] 赵朝洪．中国古玉·研究文献指南．北京：科学出版社，2003.

[27] 赵艺蓬．周原姚家墓地出土的西周玉器．收藏，2014，12:98-101.

[28] 赵晓斌，田勇．荆州院墙楚墓幸存的龙形玉佩．收藏，2011，4:72-75.

[29] 赵赟．西汉楚王墓出土玉龙．收藏，2009，3:89-90.

[30] 张昀．春秋玉器漫谈．收藏，2001，9:46-48.

[31] 张广文．古玉的鉴赏与收藏．北京：印刷工业出版社，2013.

[32] 殷志强．玉樽与玉卮．收藏，2002，2:31-32.

[33] 喻燕姣．楚国玉器的品种辨识．收藏，2002，2:41-49.

[34] 于凯．战国史．上海：上海人民出版社，2015.

[35] 周明忠．古玉珍赏．上海：上海古籍出版社，2010.

[36] 周南泉．春秋战国玉器．收藏，2007，9:100-104.

[37] 周南泉．玉礼器（上下）．北京：蓝天出版社，2009.

[38] 周南泉．玉工具与玉兵仪器（上下）．北京：蓝天出版社，2009.

[39] 周南泉．古玉器收藏鉴赏百科．北京：华龄出版社，2010.

[40] 周南泉，张广文．玉器鉴定．福州：福建美术出版社，2010.